쌀/라/보/는 고전

논어

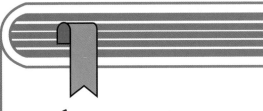

짤/라/보/는 고전

UNIT II. 우리 생각의 근원에 관한 고찰

짤라보면 우리의 정체성이 보인다!

논어

원작 **공자학파**

큐레이션 **한중록**

118

messages

유교 문화의 초석을 다진 공자
가라사대

혹은, 논어를 읽는 짤고만의
특별한 시선

HERMONHOUSE

논어에 대한 이해

중국 최초의 정치이론집단, 생각을 모으다

중국의 고대국가는 나름의 정치경제 시스템을 갖추었지만
누구나 살기 좋은 곳은 아니었다. 갑골문에 따르면, 은나라의
전사들은 쉬지 않고 포로를 잡아와 제물로 바쳤다. 은나라
다음의 주나라는 상대적으로 덜 폭력적이긴 했지만, 그렇다고
민생에 전념하진 않았다. 높으신 분들의 가문만 대대손손
안녕하면 된다는 생각은 은나라 때와 별로 다르지 않았다.
지금은 '사람 인(人)'과 '백성 민(民)'을 하나로 묶어서
'인민(人民)'이라고 하지만, 은주 시대의 인(人)과 민(民)은 전혀
다른 계급이었다. 인(人)은 대부(大夫)나 사(士) 등의 귀족을,
민(民)은 권리 없이 의무뿐인 평민들을 가리켰다. 민(民)의
한자는 '한쪽 눈을 찔러서 실명시킨 노예'를 형상화한 것이다.
이런 세상에서 무슨 백성을 위하고, 다 함께 잘사는 세상을
꿈꾸겠는가? 그저 우리 가문만 잘살고, 자손은 더 잘살고,
죽은 조상님들까지 저 세상에서 계속 잘살면 그만이었다. 이런
세상이 아주 오래 이어졌다. 그런데 주나라가 몰락하던 시기,
공자는 색다른 주장을 했다. 전통적인 가문 사랑을 바탕에 깔긴

했지만 국가 경영과 백성의 삶, 지속가능한 미래 등을 한꺼번에
고민한 것이다. 논어는 공자의 생각을 기록한 책이지만 공자가
논어를 집필하진 않았다. 〈신약성서〉가 예수의 저술이 아니듯
논어도 공자의 이야기를 제자들이 모아서 엮은 것이었다.

논어의 가치는 두 가지 이유로 유의미하다.

첫째, 논어는 설계도다. 논어 이전의 중국은 자연 발생한 원시
국가였다. 규모는 상당했을지 몰라도 정교하고 장기적으로
지속할 수 있는 시스템을 갖추진 못했다. 논어는 중국이 국가와
백성을 고민하는 고도 문명으로 발전할 수 있도록 사고의
기틀을 잡아주었다.

둘째, 논어는 가문이 아닌 정치이론집단의 저술이다. 공자
그리고 논어 이후 중국은 가문으로 구획된 국가를 넘어 유교적
이념으로 통합된 역사공동체로 발전하게 되었다.

논어를 큐레이션(curation)하며

동아시아의 설계자, 공자의 일생

논어는 이야기 구조를 따르지 않는다. 하나의 플롯이 기승전결의 구성을 따라 흐르는, 읽기 편한 책이 아니란 뜻이다. 20개의 장으로 이루어졌지만, 어떤 기준으로 장을 분류했는지도 모호하다. 논어를 잘 이해할 최고의 방법은 계속 읽는 것이다. 논어 자체도 반복해서 읽고, 해설서도 종류별로 읽으면서 비교하면 가장 좋다. 그러나 공자나 논어를 전공할 생각이 아니라면 쉽지 않은 일이다. 논어의 이해에 도움 될 두 번째 방법은 공자의 생애를 간단하게라도 훑어보는 것이다.

- B.C.551 노나라의 하급 귀족인 숙량흘과 안징재 사이에서 태어났다. 숙량흘은 나이 많은 기혼자였고, 안징재는 어렸는데 무녀 출신이란 주장도 있다. 〈사기〉는 이들이 '야합(들판에서 붙어먹다)'하여 공자를 낳았다고 기록하고 있다.
- B.C.535 17세의 공자는 부모를 모두 여의었다. 아버지는 공자가 3세일 때 사망했다.
- B.C.533 19세의 나이로 혼인한다. 이듬해에는 아들 공리를

낳는다. 찢어지게 가난해서 창고나 가축을 관리하는 하급 관리를 비롯한 온갖 잡일을 해야 했다. 일처리 능력이 뛰어나서 노나라의 지배층인 계씨와 맹씨에게 좋은 평가를 받았다.

· **B.C.522** 일과 공부에 모두 능했다. 30세에 첫 제자인 자로를 거둔다. 증점(증자의 아버지), 염백우, 염구, 중궁 등의 1기 제자들이 공자를 따른다.

· **B.C.518** 30대 중반에는 이미 명사가 되었다. 노나라의 맹리자는 죽으면서 두 아들에게 공자를 스승으로 모시도록 유언을 남겼고, 다음 해에는 제나라 경공과 정치를 주제로 대화하기도 한다.

· **B.C.502** 50세까지 정치 출사의 뜻을 이루지 못한다. 그래서인지 반란군인 양화와 공산불요의 요청에 흔들리기도 한다.

· **B.C.501** 51세로 처음 벼슬을 한다. 차관급인 중도재가 된다. 다음 해에는 장관급인 사공과 대사구로 발탁된다.

- **B.C.497** 노나라에서 정치적 포부를 이루지 못하고 위나라로 떠난다.
- **B.C.495** 위나라 영공을 만나 벼슬을 한다. 영공의 부인인 남자를 만났다가 제자 자로의 불평을 듣는다. 다음해 위나라를 떠난다. 조나라, 송나라, 진나라, 채나라, 초나라를 떠돌지만 등용되지 못한다.
- **B.C.484** 14년 만에 고국 노나라로 돌아간다. 55세에 떠나 68세에 귀국한 것이다. 정치적 꿈을 접고 유약, 증삼, 자하, 자장 등의 후기 제자 양성에 힘쓴다.
- **B.C.483** 아들 공리가 향년 50세로 눈을 감는다. B.C.481년에는 수제자 안회가 병으로 죽고, 그 다음해에는 자로가 위나라에서 살해당한다.
- **B.C.479** 73세로 숨을 거두었다.

차 례

1. 계씨(季氏) - 논어 제16장

논어는 총 20장으로 구성되어 있다. 각 장의 제목은 가장 먼저 나오는 글자 2개를 따온 것이므로 특별한 의미를 지니진 않는다. 또, 각 장이 순서대로 이루어진 것도 아니기 때문에 어느 장을 먼저 읽어도 상관없다. 제16장인 '계씨(季氏)'는 논어에서 상당히 뒷부분에 배치되어 있음에도 이 장을 가장 먼저 소개하는 이유는, 공자가 살던 시대적 배경을 먼저 설명하기 위해서이다.

중국의 강가에는 자연 발생적으로 작은 마을이 형성되었는데, 그 규모가 좀 크면 나라라고 불렀다. 첫 왕조국가는 하나라였고 상나라와 주나라가 그 뒤를 이었다(상나라는 중간에 은허로 수도를 이전했기 때문에 은나라라고도 불렀다). 하, 상, 주는 청동기 국가들이라 행정력이 험한 산이나 강을 넘지 못했다. 그러니 이웃 나라를 굳이 합병할 이유도 없었다. 다툼이 생겨도 자신의 종주권을 인정하고 신하로 섬기겠다는 약속만 하면 수직적 동맹관계를 맺었다. 규모와 힘에 따라 힘 있는 자들의 지위는 왕과 제후, 사대부로 나뉘었다. 이들 사이의 종적인 동맹 시스템이 중국식 봉건제도의 원형이다.

그런데 철기의 도입은 세상을 바꿨다. 철제 농기구는 삼림수택을 개간할 수 있게 했고, 철제 무기는 정복전쟁의 규모를 키웠다. 과거의 동맹을 강제로 병합하면서 제후국은 점점 몸집을 키웠다. 반대로 동맹의 맹주인 주나라의 영향력은 계속 축소되었다.

280년 동안 작은 제후국들이 전쟁을 이어가면서도, 주 왕실의 정통성을 인정해준 시기를 춘추시대라고 한다. 춘추시대를 거치면서 대부분의 제후국은 무너졌고 7개의 강대국만 남았는데, 7대 강국이 전보다 더 격렬하게 다툰 180년이 전국시대이다. 전국시대의 주나라 왕실은 완전히 권위를 잃었다.

공자는 춘추 말기의 학자이다. 전통적인 권위가 무너지고 참혹한 전쟁만 이어지는 모습을 보면서 그는 괴로워했다. 나라와 나라 사이에서만 전통의 권위가 무너지고 하극상이 일상화하는 게 아니었다. 공자가 태어난 노나라에서도 맹손, 숙손, 계손의 세 가문이 공실을 능멸하며 국정을 농단하고 있었다. 특히 계손 가문이 막강했다. 논어 제16장의 계씨는 계손씨를 가리킨다.

001

계씨의 정벌과 제자의 변명

계씨 가문의 수장인 계강자는 노나라의 신하지만 왕권을
넘어설 정도로 세력이 강성했다. 그는 같은 노나라 신하인
전유를 공격하려 했다. 한 나라의 신하가 다른 신하를
공격하려고 군사를 일으킬 정도로 당시 노나라의 질서는
엉망진창이었다.

염유와 계로는 스승인 공자에게 이 사실을 알렸다. 공자는
부당함을 지적했지만 제자들은 실권자의 뜻이 그러하니 어쩔
수 없다고 변명했다. 공자는 자신의 직분을 다하지 못하는
신하를 어디에 써먹겠느냐며 제자들을 힐난했다.

염구[1]야, 어찌 네 잘못이 아니겠느냐? 전유는 선왕으로부터 나라의 제사를 올리라는 명령을 받았다. (그의 영지도) 나라 안에 있다. (그야말로 노나라) 사직의 신하인 것이다. 그런데 어떻게 정벌을 한단 말이냐?

염유가 대답했다. "계씨가 그리 하려는 것이지, 신하인 저희 둘은 원하지 않는 바입니다."

"염구야. 주임이라는 옛 분은 '온힘을 다해도 맡은 바를 잘 해낼 수 없다면 그만 둔다'고 하셨다. (나라 또는 도리가) 위태할 때 지켜내지 못하고, 엎어질 때 잡아주지 않는다면 그런 신하를 어디에 쓰겠느냐?"

짧고 Message

무능한 상사 때문에, 말 안 듣는 부하직원들 때문에, 팀워크가 부족한 동료 때문에, 집안 환경 때문에, 사회구조적 한계 때문에. 많은 사람들이 온갖 핑계를 대면서 최선을 다하길 미리 포기해버린다. 공자는 무조건 되게 하라고 하지 않았다. 유교적 세계관은 결과보다 접근법을 중시한다. 옛 선비들은 최선을 다해보고 안 되면 깨끗이 물러나거나 죽어버렸다. 스트레스 투성이 현실에서 배울 만한 부분이다. 일단 최선을 다해보고 안 되면 깨끗이 손을 털자.

---

1 염구는 자가 '자유(子由)'이기 때문에 염유 또는 염자로 불리기도 한다. 행정능력이 아주 뛰어난 제자지만 계씨를 위해 혹독하게 세금을 징수하다가 공자에게 파문당하다시피 했다.

002

계씨의 정벌과 치국의 기본

공자가 일단 최선을 다해보긴 했냐고 꾸짖자 염유는 기회를
놓치면 안 된다며 실리론을 들고 나온다. 이에 공자는 나라를
다스리는 기본에 대해 이야기한다. 덕을 쌓아서 사람들이
스스로 찾아와 복종하도록 해야 나라가 탄탄하게 지속된다는
것이다. 공자는 힘이 아니라 도덕적 명분에 따라 운영되는
나라를 꿈꾸었다. 그런데 계씨는 덕을 쌓기보단 내전을 일으켜
당장의 이익을 쫓는 데에만 급급했다. 직접적으로 언급하진
않았지만 공자는 계씨 세력의 미래를 긍정적으로 보지 않은
듯하다. 계씨 세력은 공자를 미워하지 않았다. 공자도 계씨
세력에게 늘 예를 갖추었다. 하지만 원칙은 양보하지 않았다.
계씨 세력에게 공자는 너무 까다로운 존재였다.
이렇게 권력집단과 은근히 척을 졌기 때문에 공자는
대사상가로 인정받으면서도 노나라에서 정치적 포부를 펼칠 수
없었다.

염유가 말했다. "전유의 영지는 가깝고 견고합니다. 지금 빼앗지 않으면 언젠가 문제가 될 것입니다." 공자가 말했다. "구야. 군자는 하려는 일을 핑계 대며 돌려 말하길 싫어한다. 나라를 다스리는 자는 (재화가) 적음이 아니라 고르지 못함을 근심하며, 가난이 아니라 안정되지 못함을 근심한다. 대개 (분배가) 고르면 가난한 사람이 없고, 조화로우면 적다고 느끼지 않을 것이며, 안정되면 (나라가) 기울어지지도 않는다. 따라서 덕을 쌓으면, 멀리서도 따르려고 (스스로) 찾아오게 된다. 그들이 찾아왔다면, 그들을 편안하게 해줘야 한다. 그런데 지금 유(자로)[2]와 구(염구)는 계씨를 보좌하면서, 먼 곳에 있는 이들을 복종하게도, 찾아오게도 하지 못한다. 무너지고 찢기는 나라도 지켜내지 못한다. 그런데도 내전을 일으킬 계략이나 꾸미고 있구나."

짧고 Message
정보통신기술의 발전은 우리에게 편리함을 준다. 하지만 우리는 너무 넓은 세계, 너무 많은 사람들과 스스로를 비교하면서 상대적 허무함에 젖는다.

---

2 성은 중, 이름은 유, 자는 자로다. 계로라고도 한다. 공자의 제자 가운데 가장 맏형이며, 무사 또는 도둑 출신이다. 매우 거칠고 공자에게 직언도 서슴지 않았다.

003

권력의 정당성과 지속 가능성

공자는 권력이란 그 정당성에 따라 얼마나 오래 지속될 수 있는지 결정된다고 생각했다. 세상이 혼란해지면 천자가 아닌 신하들이 권력을 휘두르게 된다. 최고위 귀족(제후)이 천자를 대신해 권력을 휘두르면 10대 안에 망하고, 고위 귀족(대부)이 나서면 5대를 넘기기 힘들다. 노나라의 권력이 계씨 일족에게 넘어간 지 4대가 지났으니 저들에겐 시간이 얼마 남지 않았다는 것이다.

그러나 현실은 달랐다. 공자는 평생 계씨가 지배하는 노나라에서 살았다. 태어나서 청소년기까지는 계씨 1대인 계무자, 40대 후반까진 2대 계평자, 환갑 즈음까진 3대 계환자가 노나라를 지배했다. 50대 초반에 공자는 노나라 내각에 들어가서 여러 개혁 정책을 추진하지만 한두 해 지난 55세에 위나라로 망명하는 신세가 된다. 공자는 14년을 해외에서 떠돌다가 일흔이 다 되어 노나라로 귀국했다. 계씨의 4대 수장인 계강자가 그를 좋아해서 국가원로 자문 역으로 위촉한 덕이었다. 그럼에도 공자는 삼환의 국정 농단에 반대했고, 세상은 반드시 바뀔 것이라고 주장했다. 하지만 공자는 이미 늙었고, 삼환이 무너지기 전에 숨을 거뒀다.

공자가 말했다. "천하에 도가 있으면 예악과 정벌은 천자로부터 나오고, 천하에 도가 없으면 예악과 정벌이 제후로부터 나온다. 제후로부터 나오면 대개 10대 안에 (정권을) 잃어버리지 않는 경우가 드물고, 대부로부터 나오면 5대 안에 (정권을) 잃어버리지 않는 경우가 드물며, 대부의 가신이 나라의 (정권을) 잡으면 3대 안에 (정권을) 잃어버리지 않는 경우가 드물다. 천하에 도가 있으면 정권은 대부에게 있지 않으며, 천하에 도가 있으면 일반 백성들이 (정치 문제를) 논의하지 않는다.

공자가 말했다. "녹봉에 대한 권한이 공실(노나라 조정)을 떠난 지 5대가 되었고, 정권이 대부의 손에 넘어간 지 4대가 되었다. 따라서 저 삼환의 자손들도 미약해질 것이다."

짤고 Message
공자가 대한민국의 오늘을 살아가고 있다면 이런 말을 했을지도 모른다.
"친일과 군부 독재 세력이 아직까지 강성하지만 영원하지 못할 거다."

004

숨어서 이룰 수 있는 일

손에 닿지 않는 무엇인가를 잡으려면 그쪽으로 급히 몸과 팔을
뻗게 된다. 반대로, 뜨거운 물에 손이 닿았을 때에는 몸과 팔을
튕기듯 급하게 회수한다. 공자는 이런 식으로 올바른 사람에겐
적극적으로 다가가고, 올바르지 않은 사람은 손절해야 한다고
주장했다. 그런데 당시에는 혼란한 세상을 피해 은거하자는
의견도 인기를 끌고 있었다. 공자가 보기엔 말도 안 되는
소리였다. 은거해서 뜻을 펼치고, 의로움을 행하며, 도를 이룬
사람이 어디 있느냐고 공자는 힐난한 것이다.

공자께서 말씀하셨다. "선한 사람을 보면 닿지 않는 듯이
하고, 선하지 않은 사람을 보면 뜨거운 물에 손을 담근 것처럼
굴어야 한다. 나는 그런 사람을 직접 보기도 했고, 그런
사람의 이야기를 들은 적도 있다. 숨어 살면서 뜻을 추구하고,
의로움을 행하면서 도에 이르겠다고 한다. 나는 그렇게
해냈다는 사람의 이야기를 들은 적도 없고, 본 적도 없다."

짧고 Message
공자의 시대는 난세였다. 어지러운 세상을 바로잡으려는 사람이 대거
등장했는데(제자백가), 방법은 모두 달랐다. 공자를 비롯한 유가는
지식인이 적극적으로 세상에 나아가 제도를 바로잡아야 한다고 주장했다.
도가인 노장의 생각은 반대였다. 세상을 바로잡겠다고 너무 많은 이들이
나서기 때문에 오히려 혼란이 온다는 것이었다.
이렇게 입신양명과 무위자연의 두 생각은 동아시아를 지탱하는 두 축으로
발전했다.

2. 양화(陽貨) - 논어 제17장

주나라는 봉건연합의 맹주였다. 봉건연합에 참여한 지방권력의 수장들은 제후로 인정받았다. 제후는 '공후백자남(公侯伯子男)'의 다섯 가지 작위를 받았다. 노나라 제후는 '공'에 해당하므로, 노나라 수장의 가문은 왕실이 아닌 '공실'로 불렸다.

연합이 제대로 작동하려면 구성원들이 서로를 존중해야 한다. 중국의 봉건연합은 존중의 구체적인 형태를 정하고 '예(禮)'라고 불렀다. 왕과 제후, 사대부는 서로 다른 격식을 따르며 상대에 대한 존중을 표현했다. 조상과 혈통을 중시하던 그들은 신분에 따라 제사도 달리 지냈다. 특히 하늘에 제사를 드리는 특권은 오직 왕에게만 주어졌다. 그런데 노나라의 군주는 주나라 왕실을 무시하고 하늘에 제사를 올렸다. 주나라는 분노했지만 노나라를 정벌할 힘이 없었다. 이 사건을 춘추시대의 시작으로 본다.

예에 따른 질서는 노나라 내부에서도 무너졌다. 노나라 환공이 죽자 공자 반이 아버지의 뒤를 이었는데, 이복동생들의 집안이 너무 강력했다. '삼환'은 환공의 세 아들이란 뜻이다. 맹손, 숙손, 계손이 바로 삼환이다.

논어 제17장의 '양화'는 '양호(陽虎)'라고도 한다. 계손 가문은 4대에 걸쳐 노나라의 실권을 장악했는데, 양화는 계손의 2대 수장인 계평자의 가신이었다. 계평자가 죽자(B.C. 505), 그는 계손의 3대 후계자인 계환자를 따르는 대신 쿠데타를 일으켰다(B.C. 502). 계손 가문의 다른 가신인 공산불요도 같은 시기에 봉기했다.

양화가 공자에게 호감을 품고 관직을 제의한 건 계평자가 살아있던 시절로 보이고, 공산불요가 반란으로 한 지역을 장악한 후 공자를 초빙한 건 몇 년 후다.

005

양호의 유혹

양호는 공자를 만나려고 했지만 공자는 양호를 피했다. 어느 날
길에서 둘이 우연히 만났다. 양호는 공자에게 질문을 던졌다.
"뜻을 품었다고 하면서 나라의 혼돈을 외면하는 게 올바른
일인가?"
"정치에 나서길 원하면서도 때를 잡지 않는 게 지혜로운
일인가?"
그리고 시간은 계속 흘러가는 중이라고 충고했다. 공자는
벼슬길에 나서겠다고 대답했다. 하지만 실제로 곧장 관직에
나오진 않았다. 공자는 대화를 나누고 3~4년이 지나, 양호가
노나라를 떠난 후에야 출사했다.

(양호가) 말했다. "(가슴에) 보물을 품고 있으면서 어지러운 나라를 가만히 둔다면, 인(仁)하다고 할 수 있습니까?"
(공자가) 말했다. "그렇다고 할 수 없습니다." "벼슬에 나서길 원하면서도 때를 놓친다면, 지혜롭다고 할 수 있습니까?"

(공자가) 말했다. "그렇다고 할 수 없습니다."
(양호가 말하길) "해와 달은 흘러가는 것이니, 세월은 나와 함께 머무르지 않습니다."
(공자가) 말했다. "알겠습니다. 저도 관직에 나아가겠습니다."

짤고 Message

날이면 날마다 오는 게 아니기에 '기회'라고 부른다. 하지만 공자가 타이밍 좋게 양호의 제의를 수락해서 벼슬길에 나섰다면 그는 지금처럼 존경받지 못했을 것이다. 기회를 잡기도 힘든데 대의명분까지 따라야 한다니, 역시나 세상은 쉽지 않다.

006

공산불요의 유혹

공산불요도 양화처럼 계씨의 가신이었다. 그는 계씨의 권력
승계 과정에 반란을 일으켜 비읍을 장악했다. 부족한 정통성을
세우기 위해서였는지 공산불요는 공자를 비읍으로 초대했다.
공자가 부름에 응하려 하자, 괄괄한 제자 자로는 '벼슬을 안
하면 그만이지, 어찌 반란군 따위에게 가려는 것이냐'면서
대놓고 대들었다.
공자는 자신을 불러주는 곳에 가서 정치를 잘 펼치고, 그곳을
좋은 나라로 만들면 되지 않겠느냐며 변명한다.
2편 뒤에는 반란군 필힐의 부름에 공자가 응하려는 이야기도
나온다. 역시 자로가 반대하자, 공자는 '내가 무슨 바가지냐.
매달아만 놓고 먹어선 안 된단 말이냐'고 불만을 늘어놓았다.
하지만 제자의 쓴소리 덕인지 공자는 공산불요나 필힐을
찾아가진 않았다.

공산불요가 반란을 일으켜 비읍을 장악하고 부르니, 선생이
가려고 했다. 자로가 화를 내며 말했다. "갈 곳이 없으면
(안 가도) 그만이지, 어찌하여 공산불요 따위에게 가려고
하십니까?"
공자가 말했다. "나를 부르는 이가, 어찌 이유 없이 오라고
하겠느냐? 나를 써주는 곳이라면, 나는 그곳을 동쪽의
주나라로 만들 것이다."

짧고 Message
귀에 거슬리는 소리도 마다하지 않아야 큰 사람이 될 수 있다.

007

세상의 본질

공자는 예(禮)와 악(樂)을 매우 중요하게 여겼다. 예는 원래
제사 지내는 행위를 뜻했는데, 올바른 사회 규범을 가리키는
단어로 발전했다. 악은 노래뿐만 아니라 춤까지 포괄한 단어다.
옛날에는 모든 사회적 행동을 시작하기 전에 춤과 노래로
하늘이나 조상에 고했다. 예전 대한민국에서 무슨 일만 있으면
국민의례부터 읊고 애국가를 부르던 걸 떠올리면 된다. 예악은
각종 제도와 구체적인 실행지침이라고 이해하면 된다.
예법은 사회 질서를 유지해주는 규범이다. 사람들은 신분에
따라 서로 다른 재질의 옷을 입고, 서로 다른 명패를 착용했다.
하지만 공자는 명패(옥)나 옷(비단)의 재질 같은 형식으로
예법을 규정할 수 있겠냐고 반문한다. 마찬가지로 음악의
본질이 종이나 북 같은 형식에 있겠느냐고 묻는다. 공자는
세상이 혼탁한 이유를 질서의 본질이 사라졌기 때문이라고
여긴 것이다.

공자가 말했다. "예가 이렇거니 저렇거니 하는데, (그것이) 옥이나 비단을 가리키는 것이겠느냐? 음악이 이렇거니 저렇거니 하는데, (그것이) 종과 북을 뜻하는 것이겠느냐?"

짤고 Message

공자는 물질적 형식보다 정신적 본질, 내용이 중요하다고 강조했다. 하지만 이런 생각은 '열정 페이' 같은 샛길로 빠져버릴 위험이 다분하다. 형식과 내용은 모두 중요하다.

008

공자의 분노

향원(鄉愿)을 직역하면 '시골의 인기스타'다. 공자는 왜 밑도
끝도 없이 인기스타를 도적이라고 욕했을까? 그 힌트는 훗날
공자학파를 계승할 맹자에게서 찾을 수 있다.

어떤 이가 맹자에게 향원에 대해 질문을 했다. 다들 좋아하는
사람을 왜 공자만 유독 싫어했냐는 것이었다. 맹자는 "특별히
잘못한 것도 없고, 세상의 흐름을 잘 따라가고, 이미지도
좋으니 사람들은 다들 그를 좋아한다. 하지만 그런 식으론 정말
옳은 사람이 될 수 없다"고 대답했다. 공자와 맹자는 모두 옳고
그름의 구분을 강조했다. 그런 그들의 눈에 '시시비비를 명백히
하지 않고 겉으로만 점잖게 행동하며 입 바른 소리만 일삼으며
인기를 모으는' 이들은 위선자로 보일 수밖에 없었다. 그러니까
향원의 향(鄉)은 시골이 아니라 '이미지에 쉽게 현혹되는 순박한
사람들'로 보는 게 좋다. '순진한 이들의 인기스타'인 셈이다.

공자가 말했다. "향원은 덕을 해치는 도적이다."

짤고 Message
선거철이면 우리도 향원을 만날 수 있다. 이미지는 쉽게 거짓말을 한다.
중요한 이슈가 있을 때 후보자들이 어떤 행적을 보였는지 찾아봐야
향원에게 속지 않는다.

009

삼년상의 이유

재아는 공자의 논리적인 제자다. 그는 삼년상이 사회적으로
비효율적이라고 주장했다. 쉬지 않고 예악을 연구해야 할
군자들이, 상을 치르느라 3년씩이나 자리를 떠나면 사회가
엉망이 되지 않겠느냐는 것이었다. 논리적 질문이다. 그런데
공자는 재아에게 '너라면 삼년상을 치르지 않았는데, 쌀밥을
먹고 비단옷을 입는 게 편하겠느냐?'는 질문을 던진다.
보편적 질문을 개인적 문제로 뒤바꿔버린 것이다. 재아가
떠난 후에도 공자는 제자가 어질지 못하다고 뒷담화를 한다.
그 다음에, 삼년상의 유래를 설명한다. 사람은 태어나 3년이
지나서야 부모 품을 떠난다. 부모가 자식을 3년간 붙어서
보살펴주었으니, 부모가 돌아가시면 3년간 상을 치르며
은혜를 되갚아야 한다는 것이다. 그리고 메시지가 아닌 메신저
공격으로 이야기를 마무리한다.

재아[3]가 나가자 공자는 말했다. "여는 인(仁)하지 못하구나.
자식은 태어나 3년이 지나야 부모의 품에서 벗어난다. (그런
이유로) 삼년상이 천하에 통하는 상례가 된 것이다. 여가
부모님의 사랑을 3년간 받기나 했던 걸까?"

짤고 Message

수직적 문화가 바탕이 된 유교적 인간관계의 문제점을 드러내는 대목.
논리적 질문에는 논리적으로 답하면 그만이다. 공자는 대화 주제에서
벗어나 상대의 인품과 가정환경을 언급했다. 유교적 사회질서가 희석된
요즘 사회에선 곧장 말싸움으로 번질 화법이다.

3 이름은 재여인데, 자가 자아였기 때문에 섞어서 재아라고도 부른다.
언변이 뛰어나기로 유명했다. 똑똑하지만 게을러서 공자에게 혼나기
도 했다.

010

쓰임이 없거나 다하면 떠난다

공자는 20세에 하급 관료인 창고 관리 공무원에 임용되었고,
30대에는 외교관으로도 일했다.

평판은 높았지만 고위직이 아니라 정책 결정에는 참여하지
못했다.

공자가 30대 중반일 때 노나라의 군주인 소공은 계씨를
숙청하려다가 실패하고 제나라에 망명했다. 공자도 이때
소공을 따라갔다. 제나라의 경공은 명망 높은 공자의 기용을
고민했지만 재상이 반대했다. 공자가 너무 이상주의자라는
것이다. 결국 경공은 자신이 늙어서 실언했다며 공자 기용을
철회했다.

제나라 경공이 공자의 대우에 대하여 말했다. "계씨처럼 우대하긴 힘들고, 계씨와 맹씨 중간 정도로 대우하겠소." (경공이 다시) 말했다. "내가 늙은 듯합니다. 기용할 수 없겠소."
공자는 (제나라를) 떠났다.

제나라에서 여자 악단을 보내왔다. 계환자가 이를 받아들여 사흘이나 조회를 열지 않았다. 공자는 (노나라를) 떠났다.

짧고 Message
뜻대로 되지 않는다고 꿈을 버릴 이유는 없다. 공자는 뜻이 이루어지지 않아도 포기하지 않고 언제나 새로운 곳을 찾아 과감하게 떠났다. 오늘날 공자의 네임드는 그렇게 만들어졌다.

3. 미자(微子) - 논어 제18장

주나라 이전에 중국 봉건연합의 맹주는 상나라(=은나라)였다. 상나라의 주왕은 주지육림의 폭정을 일삼다가, 봉건연합의 반란에 무너져 분신자살했다. 반란군을 이끈 이는 주나라의 무왕이었다. 주나라가 상나라를 대체하게 된 것이다.

논어 제18장은 미자, 기자, 비간의 이야기로 시작한다. 미자(微子)는 상나라 주왕의 이복형인데, 엉망이 된 나라를 떠났다. 상나라를 멸망시킨 주나라는 미자에게 송나라 땅을 내주어 조상의 제사를 이어가도록 했다.
기자는 주왕의 숙부였는데, 조카에게 바른 정치를 하라고 간언하다 노예가 되었다. 상나라가 멸망한 후 그의 행적에는 두 가지 설이 등장한다.

주나라의 신하가 되었다는 것이 하나이고, 주나라를 섬기지 않고 동쪽으로 이주해서 고조선을 차지했다는 것이 다른 하나다.

비간도 주왕의 숙부다. 그는 고언을 아끼지 않다가 살해당했다. 일설에는 심장이 뽑혀 죽었다고도 한다.

논어 제18장은 이렇게 공자보다 훨씬 옛 사람들에 대한 인물평이 주를 이룬다. 또, 난세를 피해 은거한 현자들에 대한 이야기도 등장한다. 어느 쪽도 정치에 나서 세상을 바로잡으려는, 의욕 찬 공자의 모습과는 거리가 멀다. 그래서 논어 제18장을 공자 노후의 이야기 모음으로 보기도 한다.

011 /

해체된 악단_1

일민은 뛰어난 능력을 지녔지만 세상에 나서지 않고 은거하는 현인을 가리킨다. 백이와 숙제는 상나라 말기 작은 제후국의 귀족이었다. 주나라가 상나라를 무너뜨리자, 주나라의 곡식을 먹을 수 없다며 산에 들어가 고사리만 캐어먹다가 굶어죽었다. 공자는 백이와 숙제를 은자의 으뜸으로 칭송했다. 유하혜는 노나라의 덕망 높은 대부였다. 하급 관직도 부끄러워하지 않고 기꺼이 맡아 열심히 일했고, 쓰임이 다하면 깨끗이 은거했다. 우중은 주나라의 왕자인데, 아버지가 동생을 염두에 두자 형 태백과 함께 나라를 떠나버렸다(그리고 남쪽으로 가서 오나라를 세웠다).

공자는 현실정치를 외면하고 은거하는 현인을 탐탁하게 여기지 않았다. 하지만 노년이 되어서였는지, 옛 은자들처럼 은거할 수도 없고 정치에 나서서 뭔가를 이룰 수도 없음을 한탄했다.

일민은 백이, 숙제, 우중, 이일, 주장, 유하혜, 소련이다. 공자가
말했다. "뜻을 굽히지 않아 스스로를 욕되게 하지 않는 이는
백이와 숙제다."
유하혜와 소련에 대해서도 언급했다. "뜻을 굽혀 욕됨을
받아들였다. 하지만 도리에 맞게 말하고 사려 깊게
행동했으니, 그들의 처신은 옳을 따름이다."
우중과 이일에 대해서도 언급했다. "은거하면서 호방하게
말했지만 몸가짐을 청렴하게 하며 권력에 흔들리지 않았다.
나는 이들과 달라서 할 수 있는 것도 없고, 할 수 없는 것도
없구나."

짧고 Message
뜻대로 되지 않는다고 꿈을 버릴 이유는 없다. 공자는 뜻이 이루어지지
않아도 포기하지 않고 언제나 새로운 곳을 찾아 과감하게 떠났다.

012

해체된 악단_2

궁중악단이 해체되었다는 내용이다. 다른 문서가 실수로
논어에 섞여들었다는 주장도 있지만 예악에 대한 공자의
관심으로 읽을 수도 있다. 기술이 발전하지 않은 고대에는
물자가 부족했다. 그래서 신분에 따라 의식주를 구분하고
제한했다. 일반 백성은 하루 두 번 먹었고, 천자나 제후는
네 번 먹었다. 군주의 식사는 나라의 중요한 의례였으므로,
궁중악단의 공연도 함께 이루어졌다. 태사는 악단의
총지휘자다. 아반과 삼반, 사반은 런치나 디너와 같은 식사의
이름이면서, 이때의 공연 책임자 직책이었다. 고는 가죽 북,
도는 흔들어 연주하는 땡땡이 작은북, 경은 돌이나 옥으로
만든 북이다. 소사는 악단 지휘자의 보조였을 것으로 추정된다.
궁중악단의 총지휘자, 지휘자들, 보조 지휘자, 연주자들이
뿔뿔이 흩어졌다는 사실은 궁중에 문제가 발생했다는 뜻이기도
하다. 예가 무너진 노나라 궁중 상황을 엿볼 수 있는 대목이다.
학자에 따라서는 상나라의 몰락 과정을 기술했다고 보기도
한다.

태사인 지는 제나라로, 아반인 간은 초나라로, 삼반인 료는
채나라로, 사반인 결은 진나라로, 고 담당인 방숙은 황하로,
도 담당인 무는 한수로, 소사인 양과 경 연주자인 양은 바다로
떠났다.

짤고 Message

시스템이 붕괴하면 사람부터 흩어진다. 사람이 떠나면 시스템도 무너진다.

4. 위령공(衛靈公) – 논어 제15장

고국을 떠나기 전에 공자는 노나라에서 대사구(大司寇)에까지 올랐다. 지금으로 치면 법무부 장관에 검찰총장을 겸한 자리니까 엄청난 지위다. 대단치 않은 집안 출신의 공자가 이렇듯 높은 자리에 오른 건 그가 당대의 스타였기 때문에 가능한 일이었다. 하지만 조정에 출사한 5년간 그는 이렇다 할 성과를 내지 못하고 노나라를 떠나야 했다. 공자의 현실 정치 능력이 부족했기 때문일 수도 있고 계손씨 등 삼환 세력의 저항이 너무나 막강했기 때문일 수도 있다.

공자는 55세의 노령이었지만 건강에는 이상이 없었다. 전직 고위관료, 당대 최고 석학, 초특급 인기스타인 그는 아마도 자신을 받아줄 나라가 있으리라고 생각했을 것이다. 그러나 어느 나라도 공자에게 정치를 맡기지 않았다. 공자는 14년을 떠돌아다니면서 숱한 죽을 고비를 넘겼다.

공자의 별명 가운데 하나가 '상가의 개(喪家狗)'다. 이 단어의 해석은 두 가지로 볼 수 있다. 글자 그대로 '초상난 집의 개'라고 풀이하는 것이 첫 번째 해석이다. 다른 하나는 '상(喪)'을 '사람의 죽음'이 아니라 '버리다' 는 뜻으로 봐서, '집을 버린 개' 또는 '집 나간 개'라고 풀이하는 것이 두 번째 해석이다. 어느 쪽이건 초라하기 이를 데 없다. 14년 유랑생활이 얼마나 처참했을지 짐작할 수 있다.

위(衛)나라는 노나라를 떠난 공자가 처음 도착한 나라다. 위나라에선 공자를 귀하게 대했지만 기용하진 않았다. 위나라의 복잡한 내부 사정 때문인데, 나중에 공자의 제자를 관료로 받아들이긴 했다.

논어 제15장은 기나긴 떠돌이 생활을 하면서도 어디에도 등용되지 못한 공자의 마음을 잘 보여준다.

013

떠돌이 생활의 편린

50대 초반, 정치에 참여하려는 공자의 꿈이 실현되는 듯했지만 일장춘몽이었다. 기원전 497년, 공자는 노나라를 떠나 위나라로 망명했다. 위나라 군주인 영공은 유명인인 공자에게 많은 관심을 가지고 있었다. 그래서 군대와 관련된 질문을 했지만 공자는 답변을 회피했다. 제사와 같은 예법에 대해서는 이야기할 수 있지만, 군대에 대해서는 아는 바가 없다는 것이다. 공자는 정치의 대원칙을 세우고 싶었다. 대원칙을 합의하지 않고 실무만 논하는 건 적절하지 않다고 생각한 듯하다.

위령공 장은 위나라를 떠나는 공자의 모습으로 시작된다. 그 다음에는 진나라에서 굶어죽을 뻔한 이야기를 다룬다. 자로는 스승에게 화가 났다. 대의만 내세우고 실리를 쫓을 줄 모르기 때문이다. 그래서 대놓고 군자의 곤궁함을 묻는다. 공자는 곤궁함 자체보다 이에 대한 대응이 더욱 중요하다고 말한다. 군자라면 힘든 상황에서도 변함없이 행동할 수 있어야 한다는 것이다. 상황을 핑계로 변한다면 군자가 아닌 것이다.

위나라 영공이 공자에게 (군대의) 진법(陳法)에 대하여
물었다. 공자가 대답했다.
"제사에 관한 일은 일찍이 들어본 적이 있으나, 군대에 관한
일은 아직 배운 적이 없습니다." (그리고는) 이튿날 드디어
떠났다.

(공자가) 진나라에 이르러 양식이 떨어지고, 따르던 사람들은
병이 나서 아무도 일어날 수조차 없었다. 자로가 화가 나서
뵙고 여쭈었다. "군자도 곤궁할 때가 있습니까?"
공자께서 말씀하셨다. "군자는 곤궁함을 굳게 버티지만,
소인은 곤궁해지면 아무 짓이나 한다."

짤고 Message
힘들 때 웃어야 프로다.

014

공자의 어록들

"심사숙고하지 않고 즉흥적으로 처신하면 근심이 생긴다."
"본능에 따르는 것처럼 덕 쌓기를 몸에 익혀야 하지만 쉽지는
않다. 그런 사람을 본 적이 없다."
"현명하고 덕이 있는 이를 천거하고 발탁하는 것이 관리의
본분이다. 책무를 게을리 한다면 관리가 아니라 도둑이나
마찬가지다."
"타인보다 스스로에게 더 엄격하라. 그렇게 하면 남의 미움을
사지 않을 것이다."
"머릿속으로만 고민하고 행동으로 옮겨 노력하지 않는다면,
남이 도와줄 수 없다."
"의로움에 대해서 고민하지 않고 잔꾀 부리며 놀기만 좋아하는
제자는 가르치기 힘들다."
논어 제15장의 공자 발언들은 언제 어떤 맥락에서 나온 것인지
알 수 없다. 하지만 당대의 세태를 엿볼 단서는 될 수 있다.
권력자들은 덕보다 색을 쫓았고, 능력 있는 이를 발견해도
기용하지 않았다. 다른 쪽에는 입만 살아서 행동하지 않으면서
사사건건 남 탓만 하는 패거리만 가득했던 것 같다. 잔꾀를
부리며 놀기만 좋아하는 제자도 좀 못마땅했던 듯하다.

공자가 말했다. "사람이 멀리 생각하지 않으면 반드시 가까운 근심이 생긴다."

"끝났구나. 나는 아직까지 여색을 좋아하듯 덕을 좋아하는 사람을 보지 못했다."

"장문중은 직위를 훔친 자다. 그는 유하혜의 현명함을 알면서도 천거(또는 발탁)하지 않았다."

"스스로를 엄하게 꾸짖으면서 타인의 잘못은 가볍게 책망하면 원망을 사지 않을 것이다."

"어쩌면 좋을까, 어쩌면 좋을까. 고민만 하고 노력하지 않는 사람에 대해선 나도 어쩌면 좋을지 모르겠다."

"온 종일 무리지어 있으면서 의로움을 이야기하진 않고 잔꾀 부리기만 좋아하니 곤란하구나."

짧고 Message

지금 세상이 딱히 타락한 건 아닌가보다. 예나 지금이나 환경은 크게 달라지진 않았다. 자신이 얼마나 노력하는가에 따라 공맹이 될 수도 있고, 도적이 될 수도 있다.

015

공자가 바라본 군자

논어 제15장에서 공자는 군자의 정의를 다양하게 내린다.
"군자는 의로움을 생각의 기준으로 삼아야 한다. 예법을
지키면서 겸손하게 행동하고, 일을 도모할 때에는 신의를
다한다."
"스스로 계속 능력을 갈고 닦지만, 누가 그 능력을 알아봐주지
않을까 봐 두려워하지 않는다."
"군자는 (덕망과 능력을 충분히 갈고 닦지 못해서) 죽은 후 이름이
잊히길 두려워한다."
"군자는 (일의 원인, 사단을) 자신에게서 찾고, 소인은
타인에게서 찾는다."
"군자는 떠도는 말을 믿고 함부로 사람을 쓰지 않는다.
마찬가지로 소문에 휩쓸려 사람을 버리지 않는다."
다양한 이야기 같지만 핵심은 하나다. 중심을 잡을 수 있어야
군자란 것이다. 그러려면 꾸준히 수양해서, 남들 이야기나
변화하는 환경에 흔들리지 않아야 한다.

공자가 말했다.

"군자는 의로움을 바탕으로 삼고, 예로 행하며, 겸손함으로 드러내고, 믿음으로 성취한다. 그것이 군자다."

"군자는 능력이 없을까 봐 걱정한다. 남들이 알아주지 못할까 봐 걱정하지 않는다."

"군자는 죽은 후에 이름이 사라지는 것을 싫어한다."

"군자는 자신에게서 찾고, 소인은 타인에게서 찾는다."

"군자는 자긍심을 지니되 다투지 않고, 여럿이 어울리지만 파벌을 만들진 않는다."

"군자는 말만 듣고 사람을 쓰지 않으며, 말만 듣고(믿고) 사람을 버리지 않는다."

짤고 Message

공자는 소문난 능력자였지만 그에게도 세상은 만만치 않았다. 그래도 그는 초지일관 중심을 지키며 살았다. 세상의 눈치를 보지 않고, 스스로 안에 중심을 잡을 수 있어야 한다고 혁파했다. 역시 공자는 공자다.

016

생각보다 배움?

공자는 혼자 아무리 깊이 고민해도 배우는 것만 못하다고 했다.
혼자 고민하지 말고, 배울 수 있으면 배우란 뜻이다. 여기에서
공자는 배움을 강조했지만, 그렇다고 고민이나 사색과 같은
생각을 의미 없이 여긴 건 아니다. 논어의 두 번째 장인
위정(爲政)에서 공자는 이렇게 말했다.
"배우되 생각하지 않으면 미혹되고, 생각만 하고 배우지 않으면
위태롭다."
열심히 배우고 깊이 고민해서 배움을 자신의 것으로 흡수하란
이야기다.
정보 과잉의 현 세태에서 공자의 주장은 예전보다 더
중요해졌다. 정보와 기술 변화를 확인하면서 세상의 흐름을
쫓아가지 않으면 바보가 된다. 하지만 스스로 중심을 잡지 못한
채 기술적 변화만 쫓아가는 건 위험하다.

공자가 말했다. "나는 온종일 먹지도 않고 밤새도록 잠자지 않고 깊이 생각해보았지만, 유익함이 없었으며, 배우는 것이 더 나았다.

짤고 Message

배움 없는 고민은 개똥철학을 만들고, 뚱딴지같은 주장은 사람을 고립시킨다. 혼자 이상한 생각하지 말고, 타인과 대화하면서 발전시켜야 생각에 의미가 부여된다는 말씀. 지당한 말씀이다.

017

가르침의 원칙

이 구절은 두 가지로 해석된다. 원문은
'유교무류(*有教無類*)'인데, 무리(*類*)는 차별화된 집단을 뜻한다.
그러므로 뒤의 두 글자는 '차별화된 집단이 없다'는 뜻이다.
문제는 앞의 두 글자다.

대부분의 문헌은 '가르침에 있어서'로 해석하여, 이 구절을
'가르침(의 대상)에는 차별(화된 집단)이 있을 수 없다'로
이해했다. 이 해석을 지지하는 학자들은 공자의 교육 원칙을
이해할 수 있는 대목이라고 본다. 실제로 공자는 신분에 따라
제자를 받지 않았으며, 일단 제자가 되면 누구라도 똑같이
대했다.

일부 학자는 앞의 두 글자를 '가르침이 있으면'으로 이해한다.
이렇게 되면 문장의 뜻이 완전히 달라져서, '가르침이 있으면
(세상에서) 차별(화된 집단)이 사라진다'고 풀이된다. 이 해석은
교육의 사회적 역할이나 기능을 강조한다. 교육으로 만백성을
교화하면, 모두가 행복한 세상이 올 수 있다고 본 것이다.

공자가 말했다. "가르침에 있어서는 차별이 없어야 한다."

짧고 Message

모든 사람을 똑같이 대할 순 없지만 사람을 평가하는 기준이 이리저리
흔들리지 말아야 한다는 것. 이 땅의 모든 교육자가 명심해야 할 대목이다.

018

사회생활의 원칙

우리는 살면서 계속 갈림길을 만나고, 그 가운데 하나의 길을 선택해야 한다. '도'는 단순한 길이 아니다. '마땅히 가야 할 방향'을 의미한다. 어떤 선택을 할 것인지 가늠할 '원칙'이란 뜻이다. 자본주의 사회가 '이익'을 선택의 최우선 요소로 삼는 것처럼 보이지만, 자본주의 사회에서도 넘어설 수 없는 '도'덕은 존재한다. 이익 앞에서 도덕적 원칙이 흔들린다면 군자가 아니다. 공자는 흔들리지 않는 도덕 원칙을 갖추고, 그 원칙에 합의하지 않은 사람들과는 함께할 수 없다고 믿었다. 이런 이유로 명망 높은 공자는 어느 나라에서도 기용되지 못했다. 그가 결코 평안한 삶을 살지 못하도록 만든 원칙이지만, 바로 이 원칙 때문에 공자는 스스로 동북아시아 2,000년의 원칙이 될 수 있었다.

공자가 말했다. "도가 다르다면 서로 도모하지 않는다."

짧고 Message

가치관이 전혀 다른 이들이 눈앞의 이익을 위해 뭉치곤 한다. 당연히
결과가 좋을 수 없다. 그런데도 많은 사람들이 실현되지도 않은 이익에
눈이 멀어서, 완전히 다른 방향을 바라보는 이들과 일을 도모한다. 여기서
얻을 수 있는 교훈 하나. 결과를 공상하지 말고 사람을 보고 함께할지
여부를 판단하자.

5. 학이(學而) - 논어 제1장

논어의 20장 가운데 가장 많이 인용되고 중요하게 다루어지는 곳은 아마도 학이(學而) 장일 것이다. 학이(學而) 장은 배움의 즐거움으로 시작해서 올바른 사람됨의 의미에 대해서 이야기한다. 특히 군자에 대한 언급이 많다.

우리나라와 중국에서 공자는 가장 위대한 성인으로 추앙받았지만 시대가 바뀔 때에는 지탄의 대상이 되어 심한 공격을 받기도 했다. 이유는 늘 같았다. 공자가 보수적이라 세상의 문제를 외면했다는 것이다. 어느 정도는 일리가 있는 주장이다.

공자는 전통적인 신분제에 적극적으로 저항하지 않았다. 그러나 공자 학파가 힘을 얻으면서, 동아시아의 통치제도는 완전히 달라졌다. 공자 이

전에는 세상을 다스리는 세력은 둘 중 하나였다. 평화로운 시기에는 왕실이나 귀족 가문 출신만이 권력을 휘둘렀고, 세상이 혼란할 때에만 (행정이나 군사 어떤 면에서건) 특별한 천재가 실력을 드러낼 수 있었다.

공자 이후에는 달랐다. 공자의 정치 이념과 자기수양 이론에 입각해서 스스로를 절차탁마하면 누구라도 관직에 나설 수 있었다. 물론 그때그때 시대적 한계가 없진 않았지만, 길이 열렸다는 소리다.

배움으로 이루어진 올바른 사람, 그것이 공자가 추앙한 군자다. 그러므로 학이(學而) 장은 공자 이념의 핵심을 압축해서 담아냈다고 볼 수 있다.

019/

군자의 즐거움

정치와 경제, 사회문화 등 동아시아의 모든 시스템은
공자에게서 나왔다. 이는 공자가 시스템의 세부 항목을
섬세하게 설계해서가 아니라, 시스템을 구축할 '군자'의
모습을 규정했기 때문이다. 논어의 첫머리는 그 군자의 모습을
보여준다.

공자는 '배움'과 '익힘(자신의 것으로 완전히 소화하는 것)'을
구분했다. 머리로만 알아선 안 되고, 배운 바를 자신의 일부로
받아들일 수 있도록 스스로를 갈고 닦아야 한단 소리다.

친구를 만나 즐거워하는 이유는 친분 때문이 아니다. 군자가
되기 위해 노력하는 동료를 만났기 때문에 기쁜 것이다.
늘 배우고 수양하며, 뜻을 함께하는 동료와 더불어 나아간다.
기회가 오면 세상을 바꾸지만, 세상이 알아주지 않아도
원망하지 않는다. 동료와 함께 배우고 수양하며 때를 기다린다.

이후 많은 사람들이 군자가 되기 위해 노력했고, 동아시아는
공자의 생각에 부합하는 세계를 닮아가며 발전했다. 결국
핵심은 사람이다.

공자가 말했다. "배우고 때때로 그것을 익히면 이 또한 기쁘지 않은가? 벗이 있어 먼 곳에서 찾아오면 이 또한 즐겁지 아니한가? 남이 알아주지 않아도 원망하지 않으면 또한 군자답지 않은가?"

짤고 Message

논어는 '당위'나 '의무'가 아니라 '기쁨'과 '즐거움'을 강조하며 시작한다. 당위와 의무를 기쁨과 즐거움으로 전환하는 게 진짜 능력이라는 공자의 메시지는 오늘을 살아가는 모든 이들에게 유효하다.

020

세상의 본질

논어의 시작, 학이 장의 앞부분에는 공자 사상의 핵심이 담겨
있다. 공자의 수제자인 유자의 입을 빌어 말하지만, 이 내용이
유가적 신분 질서의 기본이라고 할 수 있다.

강가에 사람들이 모여들면서 사회와 문명이 형성되었다. 이
과정에서 사람 사이의 관계를 어떻게 설정해야 하는가는
매우 중요한 문제였을 것이다. 유가 학파는 인간관계가
가족에서 출발한다고 봤다. 위(부모조상)로는 '효(孝)', 같은
항렬에겐 '제(弟: 동생이 아니라 우애롭다는 의미)'의 마음을
품고 대해야 한다. 이 마음이 사회로 나아가면 군주에 대한
'충(忠)'과 동지에 대한 '신(信)'으로 확장된다. 공자와 유가는
이런 인간관계의 근본적인 마음을 제대로 세워야 올바른
세상을 만들 수 있다고 생각했다. 당대의 혼란은 근본적 마음이
흐트러진 탓이라고 봤다. 그래서 세상의 근본, 사람 사이의
마음을 제대로 갈고닦은 군자가 되어, 세상의 도리를 되살릴 수
있다고 여겼다. 세상의 근본, 사람 사이의 올바른 마음가짐이
공자사상의 핵심인 인(仁)이다.

유자[4]가 말했다.

"사람됨이 효성스럽고 우애가 있으면 위를 범하길 좋아하는 자가 드물다. 위를 범하길 좋아하지 않으면서 난을 일으키는 자는 없었다. 군자는 근본에 힘쓰고, 근본을 일으키면 도가 살아난다. 효도와 우애는 인을 행하는 근본일 것이다."

짧고 Message
사회를 인간관계의 확장으로 봤기 때문에 공자는 언제나 마음가짐을 강조했다. 마르크스주의자들은 문제의 핵심을 늘 마음가짐으로 환원하는 유가를 반동적이라고 비난했다.

4 노나라 사람으로 자는 자유, 이름은 유약이다. 공자보다 33~43세 어리지만 수제자 중의 수제자로 꼽힌다. 이름 뒤에 '선생님'이란 의미의 '자(子)'를 붙이는 공자의 직전제자는 유자와 증자뿐이다.

021

교언영색

우리에게 익숙한 교언영색(巧言令色)은 논어에 등장하는
사자성어다. 소크라테스가 소피스트들을 비난했듯, 공자도
말장난으로 잔재주를 피우는 이들을 좋아하지 않았다. 말을
교묘하게 하고 얼굴빛을 고쳐가는 이들이 인간관계에 능숙할
수는 있다. 하지만 그 인간관계가 올바를 가능성은 드물다.
공자가 강조하는 인(仁)한 마음은 상대에 따라 달라지지 않는다.
올바른 마음가짐은 자신의 근본을 탄탄하게 세울 때 완성된다.

공자가 말했다. "교언영색하는 자에겐 인이 드물다".

짧고 Message

아부는 교언의 표본이다. 강한 자에게 약해지고 약한 자에게 강해지는
모습은 '낯빛을 바꾸는' 대표적인 행태다. 이런 인간은 예나 지금이나
멀리해야 한다.

022

하루 세 번의 반성

앞에서 '효심과 우애(효제)'는 인간관계의 가장 기본적이며
핵심적인 마음가짐이라고 언급했다. 이 대목에서 증자는
가족에서의 마음가짐인 효제를 사회적 마음가짐인
'충신(진심을 다하고, 믿음을 다함)'으로 발전시킨다.

증자[5]가 말했다. "나는 날마다 세 번 스스로를 돌아보고
성찰한다. 타인을 위해 도모하면서 충심을 다하지 않았는가,
벗들과 사귀면서 믿음이 없었던가, 전수받은 것을 몸으로
익히지 않았는가?"

짤고 Message

식사도 세 번, 양치도 세 번, 반성도 세 번이다. 뭐든 하루 세 번은 해야
기본이 흐트러지지 않나보다.

5 증자는 효심 깊고 우직하기 이를 데 없는 제자다. 학이 장의 시작부
   터 유자와 증자가 등장하기 때문에, 유자와 증자 계열의 제자들이
   논어를 편찬한 것으로 보는 견해가 일반적이다.

023

절차탁마

논어에 가장 자주 등장하는 공자의 제자는 우직한 무인 스타일 중유(=자로=계로=자유)와 지모가 뛰어난 문인 스타일 자공이다. 논어에서 공자는 제자들에게 똑같은 질문을 받고, 다른 답변을 주곤 했다. 제자의 스타일에 따라 맞춤형 조언을 해준 것이다. 재주가 뛰어난 자공에겐 칭찬보단 야단을 많이 쳤는데, 여기에선 모처럼 자공에게 좋은 말을 해준다. 자공이 사람됨의 기본을 묻자 공자는 경제적 여건에 흔들리지 않고 군자된 마음을 유지할 수 있어야 한다고 말한다. 이에 자공은 옥을 다듬는 과정을 예로 들어 질문을 잇는다. 칼로 끊고, 줄로 갈고, 정으로 쪼고, 숫돌로 마름질하듯 수양하면 되겠냐고 물은 것이다.

자공[6]이 물었다. "가난하지만 아첨하지 않고 부유해도
교만하지 않다면 어떻겠습니까?"
공자가 말했다. "괜찮다. 그러나 가난하면서도 즐길 수 있고
부유하면서도 예를 좋아하는 사람만은 못하다."
자공이 말했다. "〈시경〉의 끊듯이, 갈듯이, 쪼듯이,
마름질하듯이 하라는 이야기가 그런 뜻입니까?"
공자가 말했다. "사야. 이제 너와 시를 이야기할 수 있겠구나
지나간 것을 언급하니 다가올 것을 아는구나."

짧고 Message
'봉테일'이라고 하는 디테일이 있었기 때문에 봉준호 감독도 세계적 거장이
될 수 있었다.
경쟁력은 언제나 섬세함에서 나온다. 옥을 다듬는 디테일의 극치, 그것이
절차탁마다.

6 자공의 성은 단목, 이름은 사다. 위나라에서 태어나 상업으로 젊
   은 나이에 엄청난 재산을 일궜다. 국가가 함부로 할 수 없을 정도
   였으니, 지금의 재벌 정도 되는 듯하다. 외교관으로도 탁월하게 활약
   했다.

6. 위정(爲政) - 논어 제2장

'위정(爲政)'은 '정치를 한다면' 또는 '정치를 한다는 것' 정도로 직역할 수 있다. 논어의 첫 장인 학이 장에서 공자는 올바른 군자의 조건을 설명했다. 스스로를 갈고닦은 군자는 세상에 나와 올바른 정치를 해야 한다. 그러니까 논어의 제2장은 군자와 정치, 마음가짐과 사회적 실천을 연결해준다고 볼 수 있다. 그렇다고 논어 제2장이 공자의 정치론을 차근차근 설명했다고 보긴 힘들다. 정치를 구체적으로 언급한 문단이 4개에 지나지 않으니 말이다. 그보다 효성과 믿음에 대한 이야기가 더 많이 등장한다. 하지만 이제 우리는 알고 있다. 효성과 믿음이 공자의 정치관과 무관하지 않다는 사실을.

집안사람을 만났을 때에는 수직적 인간관계를, 집밖 사람을 만났을 때는 수평적 인간관계를 제대로 실천해야 한다. 유가가 지향하는 정치와 사회의 출발점이다.

024

정치는 덕으로

공자는 북극성을 밤하늘의 기준으로 봤다. 북극성이 제대로
자리를 지키면 모든 별들이 몰려와 질서 있게 움직이게
된다. 정치도 정확한 기준을 세우고, 세상이 그 기준에 따라
안정적으로 움직이도록 하는 일이라고 할 수 있다. 공자는 덕을
기준이라고 생각했다. 차가운 법적 원칙이 아니라 따뜻하고
덕망 있는 사람이 세상을 다스려야 한다는 게 유가 정치론의
핵심이다.

공자가 말했다. "정치를 덕으로 한다는 것은, 북극성이 자리를 지키고 있으면 별들이 몰려드는 상황과 마찬가지다."

짤고 Message

진짜 덕을 기준으로 한다면 세상은 따뜻해질 것이다. 하지만 선거철마다 등장하는 후보자들은 모두 자신이 덕망 높은 사람이라고 주장한다. 세상을 따뜻하게 만드는 사람을 선택하는 것. 선거가 중요한 이유이다.

025

법치와 덕치

백성을 정치적인 명령과 형벌로 다스리려고 한다면, 백성들은
잘못을 저질러도 부끄러운 줄 모르고 법망을 빠져나가는
데에만 급급해진다. 덕망과 예절로 다스려야 백성들 스스로
부끄러움을 알고 잘못을 바로잡는다.
공자 학파는 이런 이유로 법치 대신 덕치를 강조했다.
동아시아에선 율령격식의 4가지 법 제도를 구비했지만, 관리의
현명한 판단을 법보다 우선시했다.

공자가 말했다. "정치적 명령으로 이끌고 형벌로 다스리면, 백성들은 빠져나가면서 부끄러움을 모른다. 덕으로 이끌고 예로 다스리면, 백성들은 부끄러움을 알아 바로잡는다."

짤고 Message
덕으로 사람을 다스린다는 것은, 덕망 높은 사람이 권력을 쥔다는 의미다. 공자의 덕치는 관리가 백성을 다스리는 시스템을 낳았다. 품성 높은 사람에게만 관직을 주면 나쁜 결과가 나오지 않겠지만, 아쉽게도 현실은 그렇게 흘러가지 못했다.

026

나이에 따른 삶

지(우)학, 이립, 불혹, 지천명, 이순, 종심이 논어 제2장의
4번째 문단에 등장한다. 이립의 해석은 학자마다 조금씩
다르다. 열다섯에 뜻을 둔 배움의 결과가 어느 정도 섰다는
해석도 있고, 경제적으로나 사상적으로 자립했다는 해석도
있다. 세상에 팔랑팔랑 흔들리지 않는 삶의 기준을 세웠다고
보기도 한다. 중요한 사실은 공자가 한 길을 꾸준히 걸었다는
사실이다. 공자는 열다섯 살 때 배움에 뜻을 뒀고, 서른 살에는
배움의 기준을 세웠으며, 마흔 살에는 (바깥 상황이 어떻든)
자신의 기준이 흔들리지 않게 되었다. 오십 살에는 자신의
기준과 하늘의 뜻을 연결할 수 있게 되었고, 육십 살에는 어떤
이야기도 선입견 없이 받아들일 수준에 이르렀다. 마침내 칠십
살에는 욕망과 세상의 질서가 충돌하지 않게 되었다.

공자가 말했다. "나는 열다섯에 배움에 뜻을 뒀고, 서른에는 똑바로 섰으며, 마흔에는 흔들림이 없었다. 오십에는 하늘의 뜻을 알게 되었고, 예순에는 귀가 순해졌으며, 일흔에는 마음이 원하는 데로 행해도 법도를 넘어서지 않았다."

짤고 Message

유가의 배움(學)과 익힘(習)은 의미가 다르다. 배운 바를 자신의 일부가 될 정도로 꾸준히 반복해야 익혔다고 할 수 있다. 나이에 따른 공자의 삶은 꾸준한 익힘의 결과다. 지금도 늦지 않았다. 어디에든 뜻을 두고 꾸준히 익혀나가자.

027

효도의 의미

위정 장의 5번째에서 8번째 문단까지는 모두 효도에 대한
공자의 설명이다.

맹의자가 물었을 때 공자는 어긋남이 없이 모시는 걸 효도라고
대답하며, '생전에는 예로 섬기고, 돌아가신 다음에는 예로
상을 치르고, 그 후에는 예로 제사를 모신다'고 부연 설명했다.

맹무백의 질문에는 부모의 가장 큰 걱정을 들었다. 부모는 늘
자식의 질병을 걱정하니, 몸가짐을 바로 해야 한다고 했다.

제자들에게는 경제적인 부양만으론 부족하다고 대답한다.
개나 말도 부모에게 먹을 것을 내놓는다며, 마음으로 공경하지
않는다면 동물과 차별화 포인트가 없다는 거다.

자하에 대한 대답은 해석이 좀 어렵다. 많은 학자들이 색을
낯빛으로 해석한다. 진심으로 우러나서 부모를 공경해야
낯빛을 온화하게 할 텐데, 그게 쉽지 않다는 것이다. 자유에게
대답한 문단을 연결해보자. 젊은이가 일하고, 어른에게 음식을
양보하는 것은 당연하다. 짐승들도 그 정도는 하니까 효심을
제대로 갖추라는 소리다.

맹의자[7]가 효도에 대하여 물었다. 공자가 말했다. "어긋남이
없는 것입니다."

맹무백[8]이 효도에 대하여 물었다. 공자가 말했다. "부모는
오직 질병을 걱정합니다."

자유[9]가 효도에 대하여 물었다. 공자가 말했다. "오늘의
효도는 부모를 봉양하는 것을 가리킨다. 개나 말도 모두 그
정도는 한다. 공경하지 않는다면 어찌 구별할 수 있겠는가?"

자하[10]가 효도에 대하여 물었다. 공자가 말했다. "색이 어렵다.
일이 생기면 젊은이가 일하고, 음식이 있으면 어른에게
드린다. 이것만으로 어찌 효도라 하겠는가?"

짤고 Message

세상이 나빠진 걸까? 개나 말 만큼도 못하는 자식이 많다. 최소한 사람이
되려고 노력하자.

7 삼환 가문의 하나인 맹손씨의 수장이다.

8 맹손씨 수장 맹의자의 아들이다.

9 오나라 출신 제자 언언의 호다. 다른 제자 염구도 자유라고 불리는데
   한자가 다르다. 자하와 함께 문학적 재능이 걸출했다.

10 공자의 10대 제자 가운데 하나로 이름은 복상이다.

028

온고지신과 스승

'온고지신'도 논어에 나오는 말이다. 공자와 유가 사상은
반동적이라고 비판받기도 하지만 꼭 그렇게만 바라보긴
힘들다. 공자가 전통만 강조하진 않았다. 그는 옛것과 새로운
것을 함께 중시했다. 옛것, 즉 전통에만 익숙해선 세상의
스승이 될 수 없다고 본 것이다. 지나간 규범과 그 이유를 알고,
현실에 대해서도 알아야 한다. 그래야 전통과 현실을 접목시켜
세상을 바꿀 수 있기 때문이다.

공자가 말했다. "옛것을 익히고 새로운 것을 알면, 스승이 될
만하다."

짤고 Message

세상이 너무나 복잡해져서 옛 것과 새로운 것을 모두 알긴 힘들다. 하지만
과거와 현재의 연결고리에 대해선 늘 고민해야 한다. 그래야 미래가 보이기
때문이다. 옛것만 알고 그것이 전부인 양 주장하면 꼰대가 된다. 옛것과
새로운 것을 잇는 능력이 진짜 연륜이다.

029

그릇을 넘어선 사람

공자가 그릇을 폄하한 것은 아니다. 인간의 역사에서 그릇은
매우 중요하다. 그릇이 없었다면 잉여생산물을 저장할
수 없었을 테고, 문명도 제대로 발전할 수 없었을 것이다.
그래서인지 인간의 사회에서 그릇은 늘 중요한 대접을 받았다.
지금도 좋은 도자기의 가격은 상상을 초월하고, 주부들은 비싼
그릇에 목을 맨다. 과거에는 더했다. 높은 신분을 나타내는
'작위'의 '작'은 원래 술잔을 가리켰다. 사람들은 신분에 맞는
그릇만 사용할 수 있었고, 특히 중요한 의식이 있을 때에는
반드시 목적에 정확히 부합하는 그릇을 내놓아야 했다. 그릇은
신분과 용도를 명확히 규정하는 상징이 됐다. 사실 그릇 자체가
내용물을 쏟아지지 않도록 막아주는 도구 아니겠는가? 공자는
군자가 막힌 사람이어선 안 된다고 생각했다. 상황에 따라 열린
사고를 하는, 열린 사람이어야 세상을 올바로 다스릴 수 있다고
본 것이다.

공자가 말했다. "군자는 그릇이 아니다."

짤고 Message
누군가에게 그릇의 크기를 지적당하면, 공자의 말을 인용해 우리는 그릇이
아니라고 반박하자.

030

군자와 소인

공자가 군자를 강조하는 이유는 명확하다. 군자가 다스려야
좋은 세상이 올 수 있다고 믿었기 때문이다. 마찬가지로 절대
세상에 영향력을 발휘하지 말아야 하는 이들도 있다. 공자는
그들을 소인이라고 불렀다. 논어에는 군자와 소인의 비교가
수도 없이 등장한다.

군자는 의로운 원칙주의자다. 그들은 마음 깊은 곳에 사람
사이의 올바른 관계 질서를 확립해놓았다. 그래서 군자들은
누구를 만나도 괜찮다. 원칙에 따라 올바른 관계 맺음이
가능하기 때문이다. 사람이 몰래 사적인 모임을 만드는 이유는
뻔하다. 개인적인 이익을 얻기 위해서다. 모든 사람을 아우르는
군자가 따로 파당을 만들지 않는 이유다. 원리원칙 없이 자신의
이익만 쫓는 소인배는 다르다. 그들은 이익에 따라 이합집산을
반복한다. 그런 그들이 커다란 무리를 만들 수 있을 리 없다.

공자가 말했다. "군자는 사람을 아우르지만 무리 짓지 않고, 소인은 무리를 이루지만 사람을 아우르지 못한다."

짧고 Message

친구를 보면 그 사람을 안다고 했다. 친구의 수를 봐도 상대를 알 수 있다. 올바른 사람에겐 많은 벗이 따르고, 얍삽한 사람은 소수의 패거리와 똘똘 뭉쳐서 이익을 사유화하는 법이다.

031

때로는 무시가 최고

공자는 혼란기에 새로운 사회질서를 모색한 정치철학자다.
당시 중국에는 공자 이외에도 많은 학자들이 각자의 사회질서
정립방안을 내놓았고, 그 의견을 추종하는 무리도 다수
만들어졌다. 제자백가의 시대가 열린 것이다. 공자의 주장을
따른 이들은 유가학파다. 그들이 보기에 다른 사회질서
정립방안을 주장하는 무리는 이단이었을 것이다. 유가와
특히 대립한 학파는 묵가였다. 유가가 차별적이고 종적인
인간관계를 확립하고자 한 데 반해 묵가는 비차별적이고
횡적인 인간관계에 기초한 세상을 주장했다. 당연히 치열한
논쟁이 여기저기서 벌어졌을 것이다. 그런데 공자는 이렇게
정리했다. "이단을 공격해봐야 해로울 뿐이다."

공자가 말했다. "이단을 공격해봐야 해로울 따름이다."

짤고 Message

지금도 마찬가지다. 의견의 충돌이라면 토론을 통해 상대의 주장을 이해할
수 있다. 하지만 간혹 입으로 똥을 싸는 이들과는 대화가 쉽지 않다. 그럴 때
공자의 해법을 떠올리자. 때로는 무시가 최고다.

032

공자는 소크라테스다?

온 세상이 미디어로 가득한 시대라 가만히 있어도 온갖 정보가
귀에 들어온다. 그러다보니 우리는 참 많은 것을 아는 것처럼
느끼곤 한다. 하지만 우리가 무엇인가를 정말 제대로 아는지
다시 생각해봐야 한다. 그 무엇인가를 설명하려고 하면 어느
순간 입이 막힌 자신을 발견할 것이다. 공자의 시대에도 크게
다르지 않았나보다. 아는 것을 안다고 하고, 모르는 것을
모른다고 하기는 쉽지 않다. 자신이 그 무엇인가를 아는지
모르는지부터 명확히 할 수 있어야 하기 때문이다.

공자가 말했다. "유야, 너에게 안다는 것이 무엇인지
알려주겠다. 무엇을 알면 안다고 하고, 알지 못하면 알지
못한다고 하는 것. 그것이 아는 것이다."

짧고 Message
알면 알수록 어려운 게 앎이다. 내 것인 듯 내 것 아닌 내 것 같은 앎이라면
그냥 모르는 거다.

033

효도와 정치

효도와 우애가 어떻게 정치와 연결되는지 보여주는 대목이다.
알다시피 공자는 부모를 봉양하고 형제와 우애 있게 보내기
위해서 출사하지 않은 것이 아니다. 그는 정치에 적극적으로
참여해서 현실을 개혁하고자 했으나 기회를 잡지 못했을
뿐이다. 그런데 어떤 이가 공자의 아픈 곳을 찌르며, 정치판에
나가지 않은 이유를 물었다. 공자는 꼭 관직에 나서지 않더라도
가족 안에서 예를 바로 세우면서 자신의 품성을 갈고 닦는
것도 정치라고 이야기했다. 스스로의 마음에 쌓아올린 덕이,
바깥으로 뻗어나가 세상을 교화하는 데까지 이르는 것. 공자의
정치관은 가족과 사회, 도덕과 정치를 구분하지 않았다.

어떤 이가 공자에게 물었다. "선생님은 어찌하여 정치를 하지
않으십니까?"
공자가 말했다. "서경에 이르기를, 효도하고 형제들과
우애롭게 지내며, 이를 베풀면 정치가 된다고 했습니다. 이런
삶도 정치입니다. 어찌 정치판에 나가야 정치라 하겠습니까?"

짤고 Message
현대사회에선 정치에 참여하는 길이 다양하다. 정치가가 되지 않아도 종이
한 장으로 세상을 바꾸는 게 가능해졌다. 그러니 투표는 반드시 꼭 하자.

7. 팔일(八佾) - 논어 제3장

공자는 고대 중국의 문화와 제도를 섭렵한 학자이기도 했다.

논어 제3장의 제목이기도 한 팔일 또는 팔일무는 가로세로 여덟 명씩 줄을 서서 추는 춤을 가리킨다. 세계 어디에서나 고대에는 중요한 의식이 있을 때 춤과 음악을 곁들였다. 춤과 음악에 주술적 힘이 있다는 생각 때문인 것 같다. 문명이 발전하면서 주술에 대한 기대는 줄어들었지만 춤과 음악은 정치적, 사회적, 문화적 의례의 일부가 되었다.

고대 중국에서도 춤과 음악은 정치적, 사회적, 문화적 행사에서 사용하도록 발전했다. 신분에 따라 질서를 갖춘 규범인 '예(禮)'가 태어났고, 그

가운데 '악(樂)'이 대표적인 것이 되었다. 이를 합해서 '예악'이라고 부르기도 한다.

중요한 제례에는 춤과 음악이 반드시 등장했다. 천자의 제례에는 가로세로 여덟씩 총 64인의 무희가 나와서 팔일무를 췄고, 제후의 행사에선 여섯 줄 36인의 육일무가 행해졌다. 사대부에겐 네 줄 16인의 사일무가 허용되었다.

논어의 제3장에는 예악을 비롯한 고대 중국의 구체적인 제도들이 다수 등장한다. 공자는 이런 제도에 누구보다 능통한 학자이기도 했다. 하지만 그는 제도의 껍데기에 천착하지 않고 본질을 파고들었다.

034

지도층에 대한 비판

노나라의 실권은 군주가 아니라 삼환씨 손에 들려 있었다. 특히 계씨의 세력은 아주 막강했다. 무소불위의 권력을 지닌 계씨는 군주의 제례에서만 허용된 춤을 자신의 앞마당에서 추도록 하며 세력을 과시했다. 아마도 많은 사람들이 모른 척했을 테고, 어떤 이들은 계씨에게 붙어 주제 넘는 행동을 부추기기도 했을 것이다. 하지만 공자는 계씨의 뜰에서 행해진 팔일무에 분노했다. 사회지도층이 규범을 준수하며 모범을 보이기는커녕 예법을 농락하며 사회질서를 무너뜨린다고 비난한 것이다. 원칙주의자 공자가 조국인 노나라에서 제대로 기용되지 못한 이유를 알 수 있을 것이다(입각한 후에도 금방 실각해서 천하를 주유해야 했다).

공자가 계씨에 대해 말했다. "뜰에서 팔일무를 추게 했다.
이를 참을 수 있다면 무엇을 참지 못하겠는가?"

짤고 Message
무조건 규칙을 따라야 하는 건 아니다. 하지만 규칙을 깨기 위해선 합당한
이유가 있어야 한다. 자신에게 힘이 있기 때문에 규칙을 깬다면, 그는 힘
있는 양아치일 뿐이다.

035

인과 예의 우선문제

공자는 당대 최고의 예악 전문가였다. 자신의 전문분야인
만큼 예악의 중요성을 누구보다 강조하고 싶었을 텐데,
공자는 형식으로써의 예악보다 내용으로써의 사람 됨됨이가
중요하다고 강조했다. 인(仁)은 인간관계의 질서에 대한
마음가짐이다. 스스로를 수양해서 인의로운 마음을 잘
쌓아올려야 덕이 가득한 군자가 되는 것이다. 마음가짐을
바로하지 않았다면 형식적 의례나 제도로서의 음악도 빛을
잃는다고 공자는 생각했다.

공자가 말했다. "사람이 인하지 않으면 예를 어찌하겠는가.
사람이 인하지 않으면 음악을 어찌하겠는가?"

짤고 Message

예절도 음악도 모두 형식이다. 마음이라는 내용을 담지 않았다면 텅 빈
껍데기에 불과하다. 현대에 와서는 예절과 음악을 각종 재능으로 치환해서
생각해도 된다. 재주가 좀 있다고 사람을 함부로 대하는 이는 가까이하지
말아야 한다. 아름다운 얼굴, 훤칠한 키, 흡입력 있는 목소리 때문에 기껏
기용해서 드라마를 거의 다 촬영했는데, 학원폭력의 과거 때문에 드라마
자체가 휘청거린다. 재능만 보고 인하지 못한 이들을 불러들인 결과다.

036

군자의 재주

공자는 조용한 책벌레가 아니었다. 풍채도 대단했고, 젊어서는
활쏘기 등 무술대회에서 입상하기도 했다. 음악과 문학에도
조예가 깊었으니 그야말로 팔방미인이라고 하겠다. 활쏘기에
대한 그의 이야기는 형식적인 '예'가 왜 중요한지 잘 보여준다.
군자라면 이익을 놓고 벌이는 추잡한 다툼은 피하는 게 옳다.
하지만 군자도 다툼에 참여해야 하는 장소가 있다. 바로 활쏘기
자리다. 말에 오를 때에는 겸손하게 상대에게 절하고, 경기가
끝난 후 내려와서는 *(상대와 함께)* 술을 마신다. 이렇게 예법을
따르며 다투는 것이 군자의 모습이다.

예에 따른 다툼은 이익을 놓고 벌어지는 진흙탕 싸움과 다르다.
정해진 규칙을 준수하고, 상대를 존중하며 진행된다. 다툼이
끝나고 승패가 나뉘어도 군자들은 멀어지기는커녕 더욱
가까워질 수 있다. 모든 절차가 예를 따르기 때문이다.

공자가 말했다. "군자는 다투지 않지만, 활쏘기는 반드시 할 수 있어야 할 것이다. 절하고 겸양하며 오르고, 내려서는 술을 마신다. 이런 다툼이야말로 군자의 모습이다."

짤고 Message

어떻게 가도 목적지에만 도착하면 되는 걸까? 공자에겐 있을 수 없는 일이다. 하지만 유교적 도덕성은 경직성과도 이어질 수 있다. 목적지에 더 빨리, 더 쉽게, 더 편하게 가는 방법의 연구도 때로는 필요하기 때문이다.

037

가장 중요한 것은 본바탕

자하가 공자에게 옛 문헌의 해석을 물었다. "고운 미소,
또렷하게 옴폭 팬 보조개, 아름다운 눈동자와 또랑또랑한 눈.
이런 미인의 모습도 결국은 하얀 바탕 위에 색을 칠한 것이라고
합니다. 무슨 의미인가요?"
공자가 '그림이 완성되기 전에 일단 하얀 바탕이 있어야 한다'는
뜻이라고 설명하자, 자하는 예와 인의 관계도 마찬가지인
듯하다고 대답했다.
그림에 대한 설명에서 인과 예의 관계를 유추해내는 어린
제자를 보고 공자는 기뻐하며 말했다.
유학에서 '본(本)' 또는 '질(質)'은 근본이나 바탕을 가리킨다.
맹자와 순자는 사람의 근본이 선하니 악하니 이야기했지만,
공자는 그런 모호한 문제에 관심을 두지 않았다. 그 대신
본질에 대비되는 '문(文)'을 강조했다. 문은 '사람의 노력이
개입된 것'을 이야기한다. 사람의 품성이 선하다면 더
선해지도록 개발하고, 악하다면 선한 쪽으로 방향을 틀도록
하는 게 '교화'이고 '문화'이다. 그렇다고 본질이 무의미하다는
뜻은 아니다. 본질을 먼저 연구한 후 교화 방법을 찾자는
주장일 따름이다.

자하가 물었다. "고운 미소에 또렷하게 들어간 보조개,
아름다운 눈동자에 분명한 눈빛, 흰 바탕에 색을 칠했구나. 이
문장은 무슨 의미인가요?"
공자가 말했다. "그림은 흰 바탕 이후의 일이다."
자하가 말했다. "예도 뒤에 온다는 말입니까?"
공자가 말했다. "나를 일깨우는 이는 상이구나. 너와 더불어
시를 이야기해도 되겠구나."

짧고 Message
꾸미는 데에만 집착해서 본질을 놓칠 때가 많다.
이 메시지를 패션 팁에 적용하면 이렇게 될까?
'예쁜 옷이 능사는 아니다. 어울리는 옷을 입으려면 자신의 피부 톤이나
체형을 먼저 알아야 한다.'

038

제사에서도 형식보다 마음!

공자 시대에는 지금보다 허례허식이 심했을지도 모른다. 부족의 가장 큰 행사였던 제사를 통해 세력을 과시하려는 이들이 적지 않았던 듯하다. '희생'은 고대 중국에서부터 나온 말이다. 제사에 올리는 짐승 가운데 티끌 없이 하얀 소를 희, 살아있는 소를 생이라고 불렀다. 더욱 희고 신선한 제물을 구해서 화려하게 지내는 제사를, 세상에 과시하려는 이들이 적지 않았던 것 같다. 때로는 세도가들이 멋대로 천자나 제후에게만 허락된 제례를 지내기도 했다. 논어 제3장에서 공자는 이런 행태에 여러 차례 분노한다. 그는 여기에서 올바른 제사에 대해 이야기한다.

공자는 제사를 지낼 때면 조상의 신령이 정말 눈앞에 있는 것처럼 받들어 모셨다. 허례허식으로 세력을 과시하는 것이 아니라, 직접 제사를 주관하며 마음을 다했다.

공자가 조상의 신령이 존재한다고 믿었을지는 미지수다. 그가 제사를 강조한 이유는 영혼의 존재 여부와 무관하다. 그는 귀신이나 혼령에 관심을 두지 않았다. 관심사는 항상 사람 사이의 관계에 있었다. 부모나 조상이 세상을 떠났다고, 인간관계까지 사라지진 않을 것이다. 공자는 (조상과 부모가) 실제 살아계시는 것처럼 직접 제사를 주관하면서, 소중한 인간관계를 되새기려 한 것 같다.

제사를 지낼 때에는 조상이 살아있는 것처럼 제사지냈다.
공자가 말했다. "내가 직접 제사에 참여하지 않는다면, 제사를
지내지 않는 것이나 마찬가지다."

짤고 Message
너무 바쁜 시대를 살아가는 것인지 경조사를 계좌이체로 해결하는 풍토가
확산되고 있다. 은행 잔고에 사람의 온기도 함께남을지 의문이다.

039/

언제나 절약이 능사일까?

옛날에는 달력을 만드는 것이 나라의 가장 중요한 일이었다.
동아시아에서 '연호'를 중시했던 이유도 여기 있다. 주나라
시대에는 연말이면 천자가 달력을 제후들에게 돌렸다. 새해
초하루가 되면 제후들은 달력을 꺼내면서 양을 잡는 제례를
올렸다. 곡삭제는 신년 제례의 이름이다. 공자의 제자 가운데
가장 부유하고 정치외교적 영향력도 막강했던 자공(=단목사)은
신년 제례에서 쓸데없이 양을 잡는 이벤트를 없애려 했다.
공자는 자공의 생각에 반대하며 말했다. "너는 제례의 규칙을
바꿔 양을 아끼려고 한다. 나는 양을 아끼다가 제례의 근본적인
마음가짐까지 흔들릴까 봐 걱정이 된다."
논어에서 공자는 하나의 문제를 놓고 사람에 따라 다른 처방을
내린다. 아마도 부유하고 정치외교적 영향력도 큰 자공이였기
때문에 이런 의견을 건넨 듯하다.

자공이 곡삭제에 희생양을 사용하지 않으려 하자, 공자는
말했다. "사야, 너는 양을 아끼지만 나는 예를 아낀다."

짤고 Message

새해에 가족이 모여 떡국 한 그릇 먹는 자리가 대단하지 않을 순 있다.
그래서 시간이 아까울 수도 있다. 하지만 그런 모임조차 사라진다면 가족의
정은 어디에서 찾겠는가. 물론 특수 상황에서 방역수칙을 따라야 할 때는
예외지만 말이다.

040

좋은 예술의 기준

'관저'는 〈시경〉 주남 편의 첫 번째 작품이다. 이 구절은 공자가
시 한 편을 칭찬하는 내용이 전부다. 고문헌전문가이기도
했던 공자는 셀 수도 없는 시를 읽었다. 관저 한 편을 크게
칭찬한 것은, 시 자체의 완성도 때문이기도 하지만 시와 예술이
나아가야 할 방향에 대한 입장 표명이라고도 볼 수 있다.
공자가 보기에 〈시경〉 관저 편은 즐거움을 다루지만 음란하게
빠지지 않았고, 슬픔을 다루었지만 읽는 이의 마음을 상하지
않았다. 이렇게 감성을 절제하여, 사람의 근본이 흔들리지
않아야 좋은 예술이라고 평가한 것이다.

공자가 말했다. "'관저'는 즐겁지만 음란하지 않고, 슬프지만 상심에 빠지지 않는다."

짧고 Message
많은 남자들이 그다지 재미는 없지만 한껏 음란한 영화에 넋을 잃고, 많은 여자들이 별로 슬픈 내용도 아닌데 마음을 상하게 하는 로맨스에 빠진다.

041

춘추시대 창시자에 대한 평가

춘추시대의 첫 패권 국가는 제나라였다. 관중은 제나라 환공을 도와 새로운 시대를 설계한 최고의 정치인이었다. 관중은 욕심도 많았다. 자신의 신분이 낮고 가난하기 때문에 사람들이 따르지 않을 것이라며 좋은 대우를 요구했다. 환공은 관중에게 세 채의 집과 아내, 재상의 지위, 왕에게 '중보(작은아버지)'라고 호칭되는 대우를 제공했다. 이에 관중은 상업을 장려하여 제나라의 경제를 일으켰고, 인재들을 초빙해서 제나라를 당대 최고의 선진국으로 만들었다. 제나라는 물론 중원의 정치 판도가 완전히 달라졌다. 공자 시대의 사람들에게 관중은 최고의 혁신가였다. 하지만 공자에겐 전통의 파괴자에 지나지 않았다. 본처를 셋이나 두고 가신들의 정치 진출을 막은 것이 사치 때문이라고 힐난했다. 또한 색문(사람들에게 보이지 않도록 발을 쳐서 만든 문)을 세우거나, 반점(의전용 잔 받침 시설물)을 사사로이 설치한 것도 예의 없는 짓으로 봤다. 관중의 모든 행위는 전통적 인간관계와 사회질서를 무너뜨린 상징이나 다름없었다. 공자가 이를 나무란 것은 당연한 일이었다.

공자가 말했다. "관중은 그릇이 작았구나!"

어떤 이가 물었다. "관중은 검소했습니까?"

(공자가) 말하길, "관씨에게는 아내가 셋이나 있었고,

(가신들에게) 관청의 일을 겸하지 못하게 했다. 어찌

검소했다고 하겠는가?"

"그렇다면 관중은 예를 알았습니까?"

"나라의 군주가 되어야 색문을 세우는 법인데 관중은 색문을

세웠다. 나라의 군주가 되어야 반점을 설치하여 두 나라

군주의 우호를 꾀한다. 그런데 관씨는 반점도 설치했다.

관중이 예를 안다면 누가 예를 모르겠는가?"

짤고 Message

관중은 고대 중국이란 세계의 시스템을 바꿔놓았다. 중국의 제후들은 모두
제2의 관중을 찾고 있었다. 그런데 공자는 관중 이후가 아닌 관중 이전을
원했다. 아무도 공자를 기용하지 않은 이유가 보이지 않는가?

8. 이인(里仁) - 논어 제4장

'이인(里仁)' 장은 대부분 공자 발언의 직접 인용으로 구성되어 있다. 공자와 유가사상의 핵심은 '개인적 수양을 세상으로 확대하여, 올바른 사회(또는 사회질서)를 세우는 것'이다. 개인적 수양에서 유가사상이 출발한다고 볼 수 있다. 그렇다면 열심히 수양해서 갈고닦은 마음가짐을 뭐라고 불러야 할까? 그것이 바로 '인(仁)'이다. 올바른 세상은 인에서 출발하고, 인이 널리 퍼진 곳이야말로 유가집단의 유토피아라고 할 수 있다.

논어 제4장에서 공자는 인한 마음이란 어떤 것인지 다각도로 설명한다. 그렇다고 인한 마음의 교본을 제시하진 않는다. 수양해서 갈고닦은 마음가짐이란 사람에 따라 달라질 것이기 때문이다. 그래도 인한 마음의 공통점은 존재한다. 인한 마음은 세상을 이롭게 만들려는 기준이다. 기준은 함부로 흔들리지 않는다. 그런데 수양이 부족하면 이익에 눈이 멀어 기준을 잃을 수 있다. 공자는 인의로움을 기준으로 흔들리지 말라고 조언한다. 이익을 중심에 놓으면 흔들리고 어지러워지니, 마음을 갈고 닦아 흔들리지 않는 군자가 되라는 것이다.

042

인 없이는 아무 것도 없다

이인(里仁)에 대한 해석은 두 가지다. 이(里)를 말 그대로
마을로 보고, '마을의 풍속이 인하다는 것은 아름다운 일이다.
잘 가려서 인한 곳에서 살지 못한다면 어찌 지혜롭다고
하겠는가?'로 해석하는 게 첫 번째 견해다. 주자학 그 자체인
주희가 이렇게 해석했다. 맹자와 정약용의 생각은 달랐다.
이(里)를 '이르다' 또는 '처하다'의 동사로 봐서, 인에 이르거나
처한다고 해석한 것이다. 어떤 의견을 따르건 핵심은 이렇다.
'인은 매우 중요하기 때문에, 인이 없으면 지혜롭지 못한
것이다.'

공자가 말했다. "인에 처한다는 것은 아름다운 일이다. 어떤 선택을 내릴지 갈팡질팡하면서 인에 처하지 못한다면 어찌 지혜를 얻었다 하겠는가?"

짤고 Message
공자에게 인(仁)은 무적 아이템이다. 군자 됨의 기본이 인이기 때문에, 대항할 카드가 없다!

043

인(仁) 삼연타

이인(里仁)의 2~4번째 구절들이다. '인하지 못한 사람이 가난에
오래 머무르지 못한다'는 이야기는, 인한 마음을 품지 않았다면
어려움을 진중하게 버텨내지 못한다는 의미다. 마찬가지로
인하지 않다면 좋은 일이 생겨도 오래 가지 못한다. 살다보면
좋은 일도 생기고 나쁜 일도 찾아온다. 환경의 변화에 이리저리
흔들려서는 큰일을 이루기도 어렵지만 일단 삶 자체가
피곤해질 것이다. 마음의 중심을 잘 잡아야 한다. 사람 사이의
올바른 관계를 기준으로 삼아야 한다. 흔들림 없이 올곧은
길을 걸으려 한다면 어떠한 상황에서도 마음은 편안할 것이다.
또, 지혜로운 사람이라면 올바른 인간관계가 결국은 이로움이
된다는 사실을 안다.
인이 아니라 이익을 기준으로 생각하고 행동한다면, 올바른
사람을 좋아하고 악한 사람을 미워할 수 없다. 상황에 따라
마음이 풍타낭타 널뛰기를 할 것이다. 그러므로 인을 마음의
기준으로 삼은 사람만 진정으로 남을 좋아하거나 미워할 수
있다는 뜻이다.
악이란 올바르지 못한 이익을 탐해 정도를 따르지 않는 행동이다.
삶의 기준이 명확하다면 그러한 실수를 저지를 리 없다.

공자가 말했다. "인하지 못한 사람은 가난에 오래 머무르지 못하고, 즐거움에도 오래 머무르지 못한다. 인한 사람은 인 자체를 편안히 여기고, 지혜로운 사람은 인을 이로움으로 받아들인다."

공자가 말했다. "인한 사람만이 남을 좋아하고 미워할 수 있다."

공자가 말했다. "인에 뜻을 두었다면 악해질 수가 없다."

짤고 Message

인(仁)은 무적템이다. 인이 없다면 뭘 해도 안 되고, 인이 있으면 아무리 힘들어도 꿋꿋이 이겨낼 수 있다.

044

조직이기주의와 사람의 과오

유가는 인위적인 사람의 모임에 별로 호의적이지 않다. 무리를
짓는 행위는 대부분 이익을 탐할 때 생기기 때문이다. 물론
이익을 위해 당파를 만들지 않는 경우에도 특정한 집단에
소속될 때가 있다. 그래서 공자는 아무리 마음의 기준을 잘
세워도, 집단생활을 하다보면 허물이 생길 수 있다고 봤다.
하지만 이익을 위해 뭉친 모리배 집단에서 발생하는 과오와,
바른 길을 추구하면서 실수로 만드는 과오를 똑같이 보진
않았다. 송나라 이후 유가 이론은 사람의 품성을 강조하는
성리학으로 흐르면서 사뭇 외골수적 성향을 보이게 되었다.
하지만 공자는 언제나 상대주의적 입장에서 상황을 분석하고
평가하려 노력했다.

공자가 말했다. "사람의 과오는 무리를 따르면서 생긴다.
과오를 살펴보면 인한 정도를 알 수 있다."

짤고 Message
성별, 국적별, 출신별, 계급별, 연령별 갈등이 심해지고 있다. 자신이 속한
집단의 이기적 이익을 추구하기 때문이다. 소속 집단의 이익을 완전히
방기해선 안 되겠지만 무엇이 올바른지를 먼저 생각해봐야 점점 약해지는
사회적 응집력을 회복할 수 있다.

045

깨달음의 가치

공자의 가장 유명한 발언 중 하나가 여기 등장한다. 흥미로운
사실은 공자의 '도(道)'가 무엇인지 여기에서 전혀 언급하지
않았다는 점이다. 공자는 세상을 움직이는 절대적인 도리에
대해 이야기한 적이 없다. 그는 언제나 현실적인 문제를
그때그때 상황에 맞는 시선으로 분석해서 해법을 제시하곤
했다. 그럼에도 이렇게 강하게 이야기한 것은, 굳건한 의지의
필요성을 강조하기 위해서로 보인다. 학문하는 자세든
수양하는 마음가짐이든 허투루 하지 말란 이야기다.

공자가 말했다. "아침에 도를 깨달으면 저녁에 죽어도 좋다."

짧고 Message
도를 깨달았으면 세상을 위해 사용해야지, 죽어도 좋다는 건 군자의 올바른
태도가 아니다. 목숨을 초개같이 여기는 꼿꼿함은 쿨해 보이지만 세상에
도움을 주지 못한다.

046

군자의 임무

공자의 상대주의적 입장이 잘 드러난다. 의로운 마음으로
상황에 맞게 움직이는 것이 군자의 올바른 자세다. 군자는
시시비비를 가릴 줄 알지만 차가운 교조주의자가 아니다.
따뜻한 마음으로 시시비비를 가리는 현실주의자다.

공자가 말했다. "군자는 천하에 대해서 반드시 해야 할 것도
없고 하지 말아야 할 것도 없다. 의로움을 함께할 따름이다."

짧고 Message

코로나 확산도 마찬가지다. 스스로를 절대적으로 옳은 집단이라고
맹신하기 때문에 종교단체가 전염병 재유행의 허브가 되었다. 절대적인
옳고 그름을 맹신하는 데에서 가장 위험한 소인배가 태어난다.

047

먼저 스스로를 갈고 닦으라

유가는 도가와 달리 세상에 적극적으로 나아가서 정치적으로
행동하라고 이야기한다. 하지만 막무가내로 튀어나가라고
하진 않는다. 어떤 자리를 차지하기보단, 그 자리에 설 만한
능력을 갖추었는지부터 걱정해야 한다. 조급하게 남들의 눈에
띄길 갈망하지 말고, 남들의 눈에 확 들어올 만큼 능력을 갈고
닦아야 한다.

공자가 말했다. "지위 없음을 근심하지 말고, 바르게 설 수 있는지를 걱정하라. 남들이 알아주지 않을까봐 두려워하지 말고, 남들이 알아줄 사람이 되도록 노력하라."

짤고 Message
세상에는 자신에게 걸맞지 않는 자리를 탐하는 사람이 많다. 능력 없는 이들이 중요한 자리에 앉을 때 그 조직이 흔들리는 건 당연한 이치다.

048

기준을 세우고 융합하라

공자가 '일이관지(一以貫之: 하나로 꿰뚫음)'를 말하자 어린 제자 증삼(=증자)은 알아들었다. 사람들이 그 뜻을 묻자 증자는 '공자 선생님이 다양한 학문을 연구하고, 여러 현실 정치에 적용하려 하지만, 이 모든 것의 기준은 한 가지'라고 설명했다. 충(忠: 성심성의껏 윗사람 또는 세상을 위하는 마음)과 서(恕: 형제나 자신을 대하듯 상대를 배려하는 마음)를 기준으로 한다는 것이다.

공자가 말했다. "삼아, 나의 길은 하나로 꿰뚫는 것이다."

증자가 말했다. "그렇습니다."

공자가 나가자 사람들이 물었다. "무슨 말입니까?"

증자가 말했다. "선생님의 도는 충서일 따름이다."

짧고 Message

다양한 것을 하나로 꿰뚫는 것은 점점 더 중요해진다. 제4차 산업혁명의 핵심이 서로 다른 산업들을 하나로 꿰뚫어 융합하고 복합하는 것이기 때문이다.

9. 공야장(公冶長) - 논어 제5장

논어의 제5장과 제6장은 사람에 대한 평가가 주된 내용이다. 제5장에서 공자는 24인의 인물을 품평한다. 군자의 기본이나 정치의 본질을 설명한 앞장과 비교하면, 공자철학의 핵심을 다루고 있다고 보긴 부족할 수도 있다. 하지만 구체적인 인물들이 계속 등장하는 만큼 공자의 삶을 추론하기에는 유용하다. 또, 읽는 재미도 쏠쏠한 장이다.

049

죄수를 사위로 맞이하다

일설에 따르면 공야장은 새소리를 알아들을 수 있었다. 그는
새들이 어딘가로 사람의 시체를 먹으러 간다는 소리를 듣고,
아이를 잃어버린 노파에게 그 장소를 알려줬다. 노파는
공야장을 살인범이라고 생각해서 신고했다. 옥에 갇힌
공야장은 60일이 지난 후 다시 새소리를 알아듣고, 멀리 곡식
수레가 뒤집혔다는 소식을 전했다. 관리는 사실을 확인한
후 공야장에게 새소리를 듣는 능력이 있다고 판단하여 그를
풀어주었다.
전설처럼 전하는 이야기의 진위는 중요하지 않다. 옥에 갇힌
제자의 품성을 정확하게 평가하는 공자의 '안목'과 흔들리지
않고 딸과 결혼시킨 공자의 '결단력'이 놀라울 따름이다.

공자가 공야장[11]에 대해 이르렀다. "혼인시킬 만하다. 비록 포승줄에 묶여 감옥에 있으나 죄를 짓지 않았다."

그리고 자신의 딸과 혼인하도록 했다.

짤고 Message

안목과 결단력은 놀라우나 자신이 아닌 딸의 인생을 결정하는 것까지는 좀…. 21세기에는 있을 수 없는 일이다.

11 공야가 성이고 이름은 장이다. 자장(子張)이라고도 한다. 노나라 대부로 여러 차례 초빙되었지만 거절하고, 장인인 공자의 사상을 전파하는 데 평생을 바쳤다.

050

똑똑한 제자에 대한 비유

가장 능력 있는 제자였던 자공이 공자에게 자신의 평가를
부탁했다. 공자는 '그릇'이라고 대답했다. '호련'은 종묘의
제사에서 기장을 담는 옥그릇이다. 매우 아름답고 중요하지만
쓰임에 한계가 있다.

논어 제2장에서 공자는 "군자는 그릇이 아니다"라고 단언했다.
따라서 여기에서 제자를 그릇에 비유한 것은, 자공이 아직
군자의 품성을 갖추지 못했다는 꾸짖음에 다름 아니다. 자공의
능력은 분명히 뛰어났다. 하지만 품행을 갈고닦기보다 재주에
의존하는 그가 공자 눈엔 썩 믿음직스럽지 않았나보다. 아무튼
매우 구체적인 제사용 그릇을 빌어 사람을 설명하는 공자의
통찰력은 본받을 만하다.

자공이 물었다. "저는 어떻습니까?"
공자가 말했다. "너는 그릇이다."
다시 물었다. "어떤 그릇입니까?"
말씀하시길, "호련이다"라고 했다.

짤고 Message
귀하고 예쁜 그릇을 예로 들며 꾸짖는다면 상대의 기분이 아주 나빠지진
않을 듯하다. 비난에도 이렇게 품격을 실을 수 있다.

051

말재주를 좋아하지 않은 공자

누군가 공자에게 제자의 뒷담화를 했다. 염옹의 말재주가
부족하다는 것이었다. 공자는 제자를 두둔하며 말재주 따위는
중요하지 않다고 단언했다. '어눌하게 말하면서 민첩하게
행동하는 것이 군자'라고 이야기한 적도 있다. 그렇다고
공자가 말재주를 무조건 싫어한 건 아니다. 촌스러워도 핵심을
이야기하는 능력은 중요하게 여겼다. 그가 싫어한 건 쓸데없는
꾸밈으로 본질을 흐리는 화법이었다.

어떤 이가 말했다. "옹[12]은 인하지만 말재주가 없습니다."
공자가 말했다. "말 잘하는 걸 어디에 쓰겠는가? 말재주로
사람을 대하면 미움을 사기 쉽다. 그가 인한지 어떤지는
모르겠지만 말 잘하는 걸 어디에 쓰겠는가?"

짧고 Message

말 잘하는 친구는 재미있지만, 진짜 우정은 말빨에서 나오지 않는다.

12 염옹의 자는 중궁이다. 눌변이지만 덕행이 높기로 유명하다. 맞춤형
   교육인 공자는 칭찬보다 꾸짖음으로 제자를 가르쳤다. 하지만 안
   회(=안연)와 염옹만은 예외라고 할 만큼 공자의 칭찬을 많이 받았다.

052

용기만으론 부족하다

자로는 공자의 첫 제자로 나이차도 9세밖에 나지 않는다.
게다가 성품도 거칠고 급했다. 그래서인지 공자는 자로를
유독 가혹할 정도로 자주 꾸짖었고, 자로도 종종 공자에게
덤벼들었다.

어느 날 공자는 세상을 한탄하며 입을 열었다. "이렇게 도리가
바닥에 떨어진 세상이라면 위험하더라도 차라리 쪽배를 타고
멀리 바다로 떠나는 게 나을지도 모르겠다. 그런 일이 생긴다면
아마 자로가 나를 따라오겠지." 공자는 기뻐하는 자로에게
핀잔을 준다.

"위험을 감수하고 용감하게 나서는 데에는 네가 나보다 낫겠지.
하지만 용기도 재주가 따라줘야 쓸모가 있지 않겠느냐? 너는
재주가 없다."

시비에 가까운 꾸짖음이다. 하지만 자로에게 정말 아무 능력도
없었을까? 다음 페이지에 정답이 있다.

공자가 말했다. "도가 이루어지지 않으면 쪽배에 의탁해
바다로 떠날 수도 있다. 그때 나를 따라올 사람은 유(자로)일
것이다."
자로가 기뻐하며 이유를 물었다.
공자가 말했다. "용기 있기로는 유가 나를 능가한다. 하지만
재주는 쓸 만한 게 없구나."

짧고 Message
비꼴 때에는 칭찬으로 말문을 여는 게 좋다. 그래야 상대에게 더 큰 충격을
준다.

053

제자 셋에 대한 평가

노나라 세도가의 우두머리가 공자에게 제자들의 능력을
물었다. 공자는 자로의 군사적 재능을 이야기했다. 〈맹자〉는
양혜왕 편에서 '천 대의 전차를 갖춘 나라는 제후의 나라'라고
설명한다. 커다란 제후의 나라에서 병권을 맡을 만하다고
평가했으니, 공자가 자로를 무시하진 않았음을 알 수 있다.
염구는 나중에 삼환의 계씨 아래에서 종사하다가 공자의
꾸짖음을 받은 제자다. 하지만 그의 행정능력은 매우 뛰어났던
것 같다. 공서적은 이들보다 훨씬 어린 제자로 외교적 재능이
있었다. 공자는 제자들의 능력을 자랑하지만, 인하다고 할
만큼 수양이 되었는지는 모르겠다고 덧붙였다. 스승의 눈에
제자의 부족함이 들어왔기 때문일지도 모른다. 하지만 그에
앞서, 노나라 국정을 농단하는 세도가에게 '누가 인한지 어찌
알겠느냐'고 은근히 힐난한 것일 수도 있다.

맹무백이 물었다. "자로는 인합니까?"

공자가 말했다. "유(자로)는 천 대의 전차를 갖춘 나라에서 군사를 다스리게 할 만합니다. 하지만 그가 인한지는 모르겠습니다."

"구(염구)는 어떻습니까?"

"구는 천 개의 가정이 있는 마을이나 백 대의 전차를 갖춘 나라의 재상이 될 만합니다. 하지만 그가 인한지는 모르겠습니다."

"적(공서적)[13]은 어떻습니까?"

"적은 허리띠를 두르고 조정에 나아가 외교사절과 회담을 진행할 만합니다. 하지만 그가 인한지는 모르겠습니다."

짤고 Message

공자와 유가 학파라고 품성만 존중하여 재능을 가볍게 보진 않았다. 품성과 재능의 조화는 예나 지금이나 중요하다.

---

13 공자보다 42세 어린 후기 제자로 공서화라고도 한다. 외교적 수완이 뛰어나서, 공자의 명령을 받고 제나라로 심부름 가기도 했다.

054

게으름에 대한 꾸지람

문학으로 이름을 날린 재여는 재능만큼 몸가짐을 삼가지
못했다. 수업 시간이었는지 낮잠을 자는 재여를 보고 공자는
화를 냈다. 근본을 가다듬고 몸가짐을 바르게 하지 않는다면
배움을 새겨 넣을 수 없다며 꾸짖었다. 그 표현이 사뭇
문학적이다. 썩은 나무에는 조각을 할 수 없고, 찰기가 없는
거름흙으론 다듬어 꾸밀 수 없다는 것이다. 게으른 제자에
대한 잔소리는 더 이어졌다. 전에는 사람의 말을 듣고 당연히
행동도 따라올 것이라고 믿었는데, 재여 때문에 듣고도 믿지
못해 행동이 따라오는지 유심히 살피도록 습관이 바뀌었다는
것이다.

공자의 꾸지람을 많이 받은 재여는 나중에 제나라에서
고위직에 올랐다. 하지만 반란에 연루되어 공자의 다른 제자인
원항에게 살해당했다. 재능은 뛰어났지만 행동이 늘 올곧지는
않았기 때문일까? 끝이 좋지 않았던 것이다. 공자는 제자의
처참한 죽음에 심한 부끄럼을 느꼈다고 한다.

재여가 낮잠을 잤다. 공자가 말했다. "썩은 나무에는 조각할 수 없고, 거름흙은 다듬을 수 없다. 네게 무슨 말을 하겠느냐." 공자가 (다시) 말했다. "내가 사람을 처음 대할 때에는 그의 말을 듣고 행동이 따르리라고 믿었다. 이제 나는 사람의 말을 들은 후에도 행동을 살피게 되었다. 너로 인해 이렇게 바뀌었다."

짤고 Message

선거철이면 정당들이 기존의 모습을 버리고 탈을 쓰지만 액면이 다가 아니다. 정당과 후보자가 어떤 과거를 걸어왔는지 지나온 행적을 살펴봐야 한다.

055

심사숙고도 품성 이후의 일

계문자는 노나라의 국정을 농단한 삼환 세력 가운데 가장
강성했던 계손 일족의 수장이다. 그는 신중하기 이를 데
없었다. 언제나 꼼꼼히 생각한 이후에야 행동에 나섰다.
심사숙고하는 자세는 칭찬받아 마땅할 텐데 공자는 못마땅하게
받아들였다. 계문자는 세 번 생각하고 실행에 옮겼는데,
공자가 보기엔 두 번만 생각해도 충분하다는 것이다. 계문자가
시시비비를 고민하지 않았기 때문이다. 아마도 계문자는
시비를 판단하기보단 이해타산과 실현가능성을 따져보았을
것이다. 공자는 이런 태도에 반대했다. 옳은 일이라면 이루지
못하더라도 나아가는 것이 군자의 자세다. 그러니 이익에
연연하는 고민은 두 번으로 충분하다고 한 것이다.
논어 공야장의 장에는 이렇게 공자의 제자뿐만 아니라 당대
명사에 대한 평도 다수 등장한다.

계문자는 세 번 생각하고 행동에 옮겼다. 공자가 이 이야기를 듣고 말했다. "두 번 생각하면 충분하다."

짤고 Message

반복해서 계산한다고 정답이 나오진 않는다. 때로는 검산보다 결단이 필요하다.

056

주유천하를 끝내다

50대 중반의 나이로 공자는 고국을 떠나 10년 넘게 천하를
떠돌았다. 많은 제자들이 그와 함께 고생을 마다하지 않았고
생사의 고비를 넘기기도 했다. 특히 초나라 근처의 작은 나라인
진나라와 채나라에 머물 때에는 먹을 게 없어서 풀죽으로
간신히 허기만 모면했다. 모든 제자들이 공자를 계속 따라다닌
건 아니다. 자공, 염구, 유약 등은 여러 나라에 기용되어
정치활동을 벌이고 있었다. 이들은 각자의 방법으로 공자를
도왔다. 큰돈을 번 자공이 공자의 주유 비용 대부분을 마련했을
것이다. 염구는 노나라 계씨의 가신으로 들어갔다. 그리고
계씨를 설득하여 68세의 공자가 귀국할 길을 열었다. 귀향 후
공자는 정치 일선에 나서는 대신 교육과 저술활동에 전념했다.
진나라에서 "돌아가자꾸나"를 반복해서 외쳤을 때 공자는
자신의 역할이 교육으로 바뀌었음을 깨달았던 것 같다. 그렇기
때문에 젊은 제자들의 장단점을 꼼꼼하게 잡아준 것이리라.

공자가 진나라에 있을 때였다. 그가 말했다. "돌아가자꾸나. 돌아가자꾸나. 내 제자들은 포부는 대단하지만 꼼꼼함은 부족하구나. 재주는 잘 갖추었으나 스스로 절제하는 법은 모르는구나."

짤고 Message

뜻은 높아도 디테일이 없다면 허풍에 지나지 않는다. 디테일로 뜻을 높여 가는 사람이 진짜 능력자다.

057

융통성 없는 행동은 어리석다

미생고는 미생이라고도 한다. 노나라 사람인 그는 여자와
다리 밑에서 만나기로 했다. 폭우가 쏟아지자 그는 약속을
지키기 위해 다리 난간을 껴안고 버티다 익사했다. 사자성어
미생지신(尾生之信: 미생의 신뢰)은 굳은 신뢰를 가리킬 때도
있지만 일반적으론 고지식하다 못해 어리석은 이를 나무랄 때
사용된다. 아무튼 미생은 당대에도 꽤 유명했나보다.
공자는 상황에 유연하게 대처하지 못한 미생을 좋게 생각하지
않았다. 그래서 올곧고 정직한 사람이 아니라 어리석을
뿐이라고 평했다. 누가 우리 집에 식초를 빌리러 왔다면, 우리
형편에 맞춰 빌려주든 말든 하면 그만이다. 남의 집 식초를
빌려다가 줄 정도라면 융통성은 물론 현실감각도 없다는
이야기다.

공자가 말했다. "누가 미생고를 곧은 사람이라 말하는가? 어떤 사람이 식초를 빌리러 오니까 이웃집의 식초를 빌려다 그에게 주는 식이다."

짤고 Message
텍스트를 넘어 콘텍스트를 읽을 수 있어야 한다는 말씀. 때와 장소, 사람에 맞춰 유연하게 사고하자.

143

058

스승과 제자의 희망사항

유가 학파는 언제나 개인과 세계를 연결시키려고 했다.
거칠어도 우직한 노제자 계로(=자로), 가난하지만 품성이
뛰어난 안회(=안연), 그리고 세기의 스승 공자가 나눈 대화도
그렇다.
이들은 모두 자신이 세상에 어떤 영향력을 끼치길 원하는지
밝혔다. 자로의 꿈은 소박하다. 그는 귀한 물건에 연연하지
않고 벗들과 함께하겠다는 의지를 표명했다.
안회는 상당히 내향적이다. 세상에 어떤 영향을 끼치는가보다
스스로의 마음가짐에 집중했다.
공자의 포부는 제자들보다 넓은 세상을 향했다. 그는 세상의
모든 사람에게 선한 영향력을 전하고자 했다.

안연[14]과 계로가 (공자를) 모시고 있었다. 공자가 말했다.

"어떤 사람이 되고 싶은지 말해보자."

자로가 말했다. "거마와 의복을 친구와 함께 쓰다가 그것이

망가져도 아쉬워하지 않고자 합니다."

안연이 말했다. "장점이 있어도 자랑하지 않고, 공로가 있어도

늘어놓지 않으려 합니다."

자로가 말했다. "선생님의 생각은 어떻습니까?"

공자가 말했다. "어른에겐 편안함을 드리고, 벗에겐 믿음을

준다. 젊은이는 품고자 한다."

짧고 Message

포부를 물으면 직책이나 재화를 말하는 사람이 많다. 높은 자리에 오르고
부유해진다고 인생은 끝나지 않는다. 가지고 싶은 무엇인가가 아니라 어떤
사람이 되고 싶은지 명확히 말할 수 있다면 삶의 가치는 달라진다.

14 안회가 본명이고, 연은 그의 자다. 공자가 수제자 중의 수제자로 꼽
았다. 스승보다 30세나 어렸지만 평생 가난하게 살다가 요절했다. 하
지만 빈부는 그의 관심 밖의 일이었고, 오직 공부와 인의도덕에만 열
중하며 살았다.

10. 옹야(雍也) - 논어 제6장

논어의 제6장도 앞장처럼 인물평을 다루고 있다. '공야장'처럼 '옹야'도 공자의 제자 이름이다.

장의 전반부에는 제자들에 대한 일화가 다수 등장한다. 공자는 제자를 자랑하기도 하고, 떠나갔거나 떠나가는 제자를 애통해하기도 한다. 어느 쪽이건 인간적인 풍모가 가득하다. 후반부에는 '지혜로움과 인함의 차이'나 '이름과 실재의 관계', '중용의 의미'와 같이 철학적인 주제에 대한 고민도 등장한다.

059

염옹의 평가, 염옹과의 대화

염옹 장의 첫 구절에서 공자는 '염옹(=중궁)이 남면할 만하다'고
말했다. 남쪽을 바라보는 자리는 임금의 좌석이다. 글자 하나에
까다로웠던 공자가 염옹에 대해서 이런 표현을 쓴 이유는 알 수
없다. 그렇다고 그가 제자를 '임금이 될 만하다'고까지 말하진
않았을 터라 '관리로 세상을 다스릴 만하다'고 해석하는 게
옳을 듯하다.

염옹은 언변이 어눌했지만 덕이 깊었다. 염옹 장의 둘째
문단에서 공자는 염옹과 자상백자라는 사람에 대해 논했다.
공자는 자상백자가 너무 소탈하고 관대해서 권위가 부족하다고
본 듯하다. 염옹은 오히려 그런 면이 자상백자의 장점이라고
변론한다. "자신의 삶에서도 관대하고 소탈하면서, 남들에게도
똑같이 대합니다. 기준이 올곧기 때문에 그의 관대함은
약점이 아니지 않겠습니까?" 삶의 태도가 한결 같기론 염옹도
마찬가지였다. 공자는 이내 염옹의 주장을 받아들여 자신의
의견을 고친다. 공자는 까다로운 스승이었지만 꽉 막히진
않았다. 그의 열린 시각 때문에 2,000년이 넘는 지금까지도
공자의 사상은 생명력을 이어가고 있다.

공자가 말했다. "(염)옹은 나라를 다스릴 만하다."
중궁이 자상백자에 대하여 물으니 공자가 말했다. "괜찮지만 너무 관대하다."
중궁이 말했다. "경건하게 살면서 관대하게 행동한다면, 그런 모습으로 백성들을 대한다면 좋지 않겠습니까? 관대하게 생활하면서 관대하게 행동한다면 그야말로 제대로 된 관대함이 아니겠습니까?"
공자가 말했다. "(염)옹의 말이 옳구나."

짧고 Message
갑질하는 꼰대가 되지 않으려면 공자의 메시지를 주목하자.
자신과 타인에 대한 기준을 한결같이 할 수 있어야 한다. 또 나이나 직위, 신분을 무기로 상대를 억박지르지도 말아야 한다.

060

안회에 대한 그리움

노나라 임금이 공자의 제자 가운데 누가 배우기를 좋아하는지
묻자 공자는 단명한 제자 안회에 대한 그리움을 피력한다.
안회는 출신이 별로 좋지 않았던 것 같다. 벼슬에 나가지도
않았고, 부유함을 추구하지도 않았다. 오직 배우고 익히는
데에만 최선을 다하다가 30대 초반에 요절했다. 공자는
으뜸가는 제자로 언제나 안회를 꼽았다. 그런데 그의 설명에서
공자가 추구한 배움의 의미를 엿볼 수 있다. '안회는 배우기를
좋아해서, 서운하거나 노여운 감정이 생겨도 남에게 옮기지
않았고, 잘못을 하더라도 반복하지 않았다'고 했다. 공자가
강조한 배움은 전문지식의 습득이 아니다. 감정에 휘둘리지
않고 언제나 올바른 판단을 내리도록 스스로를 갈고닦는
행위다.

애공이 물었다. "제자 가운데 누가 배우기를 좋아합니까?"
공자가 대답했다. "안회가 배우기를 좋아해서, 기분에 따라
상대를 함부로 대하지 않았고, 같은 잘못을 되풀이하지도
않았습니다. 불행하게도 일찍 죽었습니다. 지금은 배우기를
좋아하는 이가 없습니다. 배우기를 좋아하는 사람이 있다는
이야기도 들은 바 없습니다."

짤고 Message
공자의 시대나 지금이나 배우기를 진심으로 좋아하는 사람이 없긴
매한가지다. 무작정 뭔가 배우겠다고 나서기보단 지금 우리에게 필요한
배움의 의미가 무엇인지부터 생각해보는 것이 좋다.

061

스승과 제자의 희망사항

노나라의 대사구에 임명된 공자에겐 몇 가지 특혜가 주어졌다.
가신을 둘 수 있는 권리도 그 가운데 하나였다. 공자는 제자인
원사(=자사)를 집사로 임명하고 급여를 줬다. 제자가 스승에게
돈을 받을 수 없다고 했지만 공자는 사양하지 말라고 했다.
업무의 대가니까 받아가되, 여유가 있다면 가난한 사람들에게
베푸는 데 사용하라고 권한 것이다.

원사[15]가 공자의 가신이 되어, 900말의 곡식을 주었는데 사양했다.

공자가 말했다. "사양하지 말고 너와 이웃마을 사람들에게 나누어 주거라."

짤고 Message

군사부일체의 시대에도 일에는 급여를 지불하는 게 원칙이었다. 그런데 21세기에도 열정페이를 노래하는 꼰대들은 공자의 불호령을 받아 마땅하다.

15 이름은 원헌이고, 사는 자였다. 그래서 자사라고도 불렸다. 공자 주변에는 또 한 명의 자사가 있다. 공자의 손자인 공급의 자도 자사였다. 공급은 공자의 제자인 증삼에게 가르침을 받았고, 그 학통이 다시 맹자로 이어진다. 참고로 공급은 〈중용〉의 저자로 추정된다.

062/

출신은 문제가 아니다

염옹(=중궁)은 출신이 좋지 않았다. 특히 그의 아버지가 망나니로 악명이 높았다. 공자는 그런 배경은 문제 되지 않는다고 이야기했다.

검고 누런 털이 뒤섞인 얼룩소는 흔해서 귀하게 여기지 않았다. 하지만 그런 얼룩소의 새끼라고 해도 색이 붉고 뿔이 가지런하면 이야기가 달라진다. 주나라는 붉은색을 숭배했기 때문에 중요한 제사에 붉은 소를 바쳤다. 여기에 더해 뿔까지 가지런해서 보기에도 좋다면 산천의 신령이 그 소를 내버려두겠느냐고 물었다. 출신이 어떻건 자신의 능력이 출중하면 자연스레 쓰임이 생기는 법이라며 공자는 염옹을 옹호했다.

공자가 중궁을 이르러 말했다. "밭가는 얼룩소의 새끼라고 해도, 색이 붉고 뿔이 가지런하다면 쓰지 않으려고 해도 산천이 어찌 그것을 내버려두겠느냐?"

짤고 Message

요즘은 사람을 가지고 태어난 숟가락으로 평가한다. 하지만 사람은 숟가락으로 재단할 수 없는, 변화무쌍한 존재다. 비록 흙수저로 태어났다고 스스로를 영원한 흙수저로 비하하진 말자.

063

공자의 제자 자랑

공자를 따르는 제자가 3,000명을 넘었다고 한다. 이들 가운데
뛰어난 인재가 많았음은 분명하다. 그래서 노나라의 삼환
세력은 때로는 공자를 후원하고 때로는 공자를 경계하면서
그를 함부로 하지 못했다. 특히 권력이 강했던 계씨 가문은
공자의 제자를 가신으로 끌어들이려고 부단히 노력했고,
공자의 제자 가운데 일부가 계씨의 가신으로 종사하기로 했다.
여기에서도 계씨 집단의 수장은 공자에게 중유(=자로=계로)와
단목사(=자공) 그리고 염구(=중궁)에 대해 자문을 구한다.
제자에게 엄격했던 공자지만 이 질문에는 아주 자신만만하게
대답한다. 엄하지만 제자에 대한 사랑으로 가득했던 공자의
모습을 엿보게 된다.

계강자가 물었다. "중유는 정치에 종사할 만합니까?"

공자가 말했다. "유는 과단성이 있습니다. 정치에 종사하는 데 무슨 문제가 있겠습니까?"

(다시) 물었다. "(단목)사는 정치에 종사할 만합니까?"

말했다. "사는 세상 이치에 능통했습니다. 정치에 종사하는 데 무슨 문제가 있겠습니까?"

(다시) 물었다. "(염)구는 정치에 종사할 만합니까?"

말했다. "구는 재주가 많습니다. 정치에 종사하는 데 무슨 문제가 있겠습니까?"

짤고 Message

앞에서 쓴소리를 하더라도 자신이 없는 자리에서 좋은 소리를 해주는 사람, 우리가 가까이 해야 할 사람이다.

064

부귀영화를 마다한 공자의 제자

노나라의 국정농단 세력인 계씨가 자신의 영토인 비읍
재상으로 공자의 제자 민자건을 임명하려 했다. 민자건은
계씨의 사신에게 예를 갖춰 사양한다. 하지만 그 뜻은
단호했다. 대문하는 노나라와 제나라를 가르는 강이다. 계씨가
다시 자신을 등용하려 한다면 민자건은 대문하 위쪽으로
넘어가겠다고 했다. 노나라를 떠나 제나라로 망명할지언정
계씨의 신하는 되지 않겠다는 것이었다.

계씨가 (사신을 파견해서) 민자건을 비읍의 재상으로 삼으려
했다.
민자건[16]이 대답했다. "제가 사양하겠다는 뜻을 잘
전해주십시오. 저를 다시 찾는다면 저는 문하의 위로 떠나는
수밖에 없습니다."

짧고 Message
단호하고 예의를 버릴 필요는 없다. 삶에서 온라인 영역의 비중이
늘어나면서 지나치게 선명성을 부각하려는 분위기가 팽배했다. 단호하고
의지가 굳다고 세상을 싸움판으로 만들진 말자.

16 이름은 민손, 자는 자건이다. 덕행이 높고 꼿꼿한 성격으로 유명
하다.

065

생사는 하늘의 뜻

천하주유를 마치고 노나라로 돌아온 공자의 말년에 전쟁이나
내란처럼 커다란 사건은 없었다. 하지만 그의 노년은 슬픔으로
가득했다. 아들이 세상을 떠났고, 가장 아끼던 제자 안회도
죽었다. 품행이 방정맞은 염백우도 공자의 애제자였는데,
나병에 걸려 죽게 되었다. 근대까지도 나병 환자는 격리하는
것이 일반적이었다. 덕이 높기로 유명한 염백우도 집에 갇혀
세상과 왕래를 끊고 죽음을 기다려야 했다. 공자는 염백우를
찾아갔지만 집안으로 들어갈 순 없었다. 창문을 통해 손을 잡고
애통해하는 것이 그가 할 수 있는 전부였다. 공자는 아끼는
제자의 손을 어루만지며 한탄했다. "사람의 삶과 죽음은 하늘의
뜻에 달려있구나. 이렇게 올바른 사람이 이렇게 안타까운
질병에 걸려 마냥 죽음을 기다려야 한다니 말이다."

백우[17]가 질병에 걸렸다. 문병 온 공자는 창문을 통해 그의 손을 잡고 말했다. "죽음은 하늘의 뜻이구나. 이런 사람이 이런 질병에 걸리다니."

짤고 Message
질병은 사랑하는 사람의 마음까지 상하게 한다. 생사는 하늘에 달렸지만 건강은 스스로 챙겨야 한다.

17 성은 염, 이름은 경, 자는 백우다. 〈공자가어〉에 그에 대한 평가가 등장한다. 염백우는 아무리 가난해도 나타내지 않고, 아무리 부귀해도 교만하지 않고, 이 사람에 대한 노여움을 저 사람에게 옮기지 않고, 어제의 원망을 오늘로 이어가지 않으며, 타인의 지나간 잘못은 기억하지 않았다고 한다.

066

안빈낙도의 삶

안회(=안연)와 단목사(=자공)는 공자의 제자들 가운데 가장
대비되는 인물이었다. 둘 다 가난하게 태어났지만 단목사는
자수성가해서 엄청난 재산을 일궜다. 하지만 공자 앞에서는
꾸지람만 한껏 들었다. 단목사보다 한참 어린 안회는 반대였다.
그는 평생 재산에 관심을 두지 않았고, 벼슬에 대한 욕심도
품지 않았다. 오로지 도덕과 인의만 생각하고 품행을 바르게
하는 데에만 열중했다. 그래서인지 단목사와 반대로 스승에게
칭찬만 계속 받았다.

공자가 안회의 집을 방문하지 않았을까 싶다. 안회는 너무
가난해서 뒤주에 곡식이 가득 차는 일도 없었다고 한다.
빈민가에서 공부하는 즐거움에 빠져 있는 제자를 보고 공자는
감탄했다. 자신의 환경을 완전히 초월해서 인의의 세계에
가버린 제자에게 공자는 칭찬을 아끼지 않는다. 대나무밥 한
통과 표주박 물 한 통을 가리키는 '단사표음(簞食瓢飮)'은 매우
가난한 삶을 가리키는 고사성어로 사용된다.

공자가 말했다. "어질구나, 회야. 대나무밥 한 통과 표주박 하나의 물만 가지고 남루한 골목에 살면서도, 남들이 근심을 이겨내지 못할 때 회는 오히려 도를 즐기는구나. 어질구나, 회야!"

짤고 Message

안회는 생필품이 부족할 때에도 걱정하지 않았다. 하지만 우리는 사치품과 브랜드에 목을 매고, 불필요한 소유물을 늘리지 못할까 봐 매일 걱정한다. 안회처럼 가난을 즐기진 않더라도 자신의 삶에 행복을 주는 것이 무엇인지 고민해보자. 불필요한 편의에 집착해서 더 열심히 불행해지는 우를 범하지 말자.

067

역부족은 자기최면

너무 많이 사용해서 우리말처럼 느껴지는 '역부족'도 논어에
뿌리를 두고 있는 단어다. 염구는 재주를 인정받았지만
품성이나 인의의 측면에선 종종 공자에게 혼나던 제자다.
전후맥락은 알 수 없으나 이때도 스승에게 꾸지람을 듣던
도중이었나 보다. 염구가 변명하듯 말했다. "선생님의 도를
좋아하고 따르려 하지만 제 능력으론 한계가 있습니다." 공자는
그렇지 않다고 말한다. "능력이 부족하다면 최선을 다하다가
더할 수 없을 때 그만둔다. 하지만 너는 스스로 한계를
그어놓고 미리 포기한다."

염구가 말했다. "선생님의 도를 좋아하지 않는 게 아니지만 (따르기에) 역부족입니다."
공자가 말했다. "능력이 부족한 사람은 중간에 그만둔다. 지금 너는 선을 그었다."

짧고 Message
무조건 하면 된다는 막무가내 정신은 곤란하다. 하지만 '최선을 다해보고 안되면 할 수 없지'라는 마인드로 도전하면 의외의 결과를 나올지도 모른다.

068

바탕과 꾸밈의 관계

공자는 바탕(질)과 꾸밈(문)의 관계에 대해서 이야기하며 바탕의
중요성을 강조하곤 했다. 그렇다고 그가 내용만 중시해서
형식을 가볍게 본 것처럼 오해해선 곤란하다. 공자는 언제나
조화를 중요하게 여겼다. 이런 흐름은 이후 유가학파의 중용
이론으로 연결된다.

공자가 말했다. "바탕이 꾸밈을 이기면 촌스럽고, 꾸밈이
바탕을 이기면 겉만 번지르르하다. 꾸밈과 바탕이 조화를
이루고 난 다음에야 군자라고 할 수 있다."

짤고 Message

스스로를 홍보할 수 있어야 하는 시대가 되었다. 남들이 알아주지 못할까
걱정하진 않더라도 스스로를 가꾸고 꾸미길 포기하진 말아야 한다.

069

최고의 경지는 즐기는 것

공자가 안회를 극찬한 이유를 여기에서 유추할 수 있다. 안회는
배움을 좋아하다가 도를 즐기는 단계에 이르렀다. 옹야 장의
앞쪽에는 인물과 얽힌 사건과 공자의 평가가 이어지지만
뒤쪽에는 이렇게 공자 사고의 다양한 편린들이 등장한다.

공자가 말했다. "아는 사람은 좋아하는 사람만 못하고, 좋아하는 사람은 즐기는 사람만 못하다."

짤고 Message
유가와 오타쿠 사이에 묘한 징검다리가 놓였다.

070

산 좋고 물 좋은 이유

'지자요수(知者樂水), 인자낙산(仁者樂山)'의 구절이다. 공자가
낚시를 좋아하고 등산을 즐겨서 이런 이야기를 하진 않았을
것이다. 그보다는 지혜로운 사람과 인한 사람의 차이를
설명했다고 이해하는 게 옳다. 물은 흐르고, 산은 그 자리에
멈춰 있다. 물은 동적인 것의 상징이고, 산은 정적인 것의
대표다. 지혜로운 사람은 상황에 대한 이해력이 높다. 현실의
다양성을 인정하면서 현재의 구체적인 모습에 맞춰 해답을
제시하는 이가 지혜로운 사람이다. 인한 사람은 기준이
명확하다. 어떠한 상황에서도 스스로의 올곧은 기준에 맞춰
판단을 내릴 수 있다. 공자는 지혜로움과 인함 사이에 높고
낮음을 설정하지 않았다. 둘 다 옳다고 받아들였을 것이다.

공자가 말했다. "지혜로운 사람은 물을 좋아하고, 인한 사람은 산을 좋아한다. 지혜로운 사람은 동적이고, 인한 사람은 정적이다. 지혜로운 사람은 즐기고, 인한 사람은 오래 이어간다."

짤고 Message
공자의 발언 의도가 무엇이건 논어는 낚시와 등산여행을 합리화해주는 좋은 근거자료이다.

071

저돌적인 제자

공자가 위나라에 망명했을 때의 일이다. 위나라 군주인
영공의 부인인 남자가 공자를 만나고 싶어 했다. 남자는
매우 아름다웠지만 행실이 음란하여 소문이 좋지 않았다.
공자는 괘의치 않고 그녀를 만나 예와 음악에 대해 토론한
후 돌아왔다. 괄괄한 제자 자로(=중유=계로)는 대놓고 불만을
토로했다. 공자는 당황하며 변명했다. "그녀가 예법에 따라
나를 초대했기 때문에 나도 예법에 따라 그녀를 만났을
뿐이다. 내가 조금이라도 잘못된 일을 저질렀다면 하늘의 벌을
받겠다고 맹세한다!" 해명을 들은 자로는 매우 기뻐했다.
남자는 훗날 위나라 태자와 불화하고, 공실의 다툼은 결국
내란으로 이어진다. 위나라에서 벼슬을 하던 자로는 이때
목숨을 잃는다.

공자가 남자를 만나자 자로가 기분 나빠했다.
공자는 맹세하며 말했다. "내가 부당한 짓을 했다면 하늘이
나를 미워할 것이다. 하늘이 나를 미워할 것이다."

짤고 Message
역시, 허심탄회한 대화는 스승과 제자 사이에서도 반드시 필요하다.

072

중용의 가치

'중용'은 원래 〈예기〉의 한 편명이다. 공자의 손자가 그 제목을 따와 〈중용〉이란 책을 저술하고, 주자가 〈중용〉을 사서삼경의 하나로 받들면서 더 유명해진 용어가 되었다.

공자학파는 언제나 현실을 중시했다. 어떤 생각에 맞춰 세상을 교조적으로 재단하려 하지 않았다. 현실의 다양한 측면을 모두 고려한 다음 가장 조화로운 해결책을 내놓으려 했다.

공자의 중용은 기계적 중립을 의미하지 않았다. 덕망으로 양극단의 의견까지 포용할 때 중용이 실현된다고 봤다. 그러나 이러한 생각은 현실에 대한 탄식으로 마무리되었다. "다양한 현실 문제에 있어서, 덕으로 조화를 꾀하는 것 이상의 해법은 존재하지 않는다. 하지만 그 중용의 덕을 이해하고 받아들이는 사람은 많지 않다." 역시 현실은 만만하지 않다.

공자가 말했다. "중용의 덕이야말로 가장 으뜸이구나. 하지만 중용의 덕에 오래도록 머무르는 사람은 드물구나."

짤고 Message
언제나 이상적인 사고와 이상적인 삶의 간극은 태산보다 높고 바다보다 넓고 깊다.

11. 술이(述而) - 논어 제7장

공자는 정치가였지만 그의 정치철학을 현실에 펼치는 데 실패했다. 하지만 교육자로는 성공했다. 비록 사랑하는 제자의 일부는 천명을 다하지 못했지만 공자의 사상은 동아시아의 정치 경제 역사 문화의 토대가 되었다.

그렇다면 공자의 사상만큼이나 공자의 교육철학을 고민해보는 것도 동아시아인의 정체성 원류를 찾는 데 도움이 될 것이다. 논어의 제7장에는 공자의 학문관, 교육철학, 교과 커리큘럼 등이 잘 드러난다.

073

공자는 꾸밈없이 기술할 뿐

논어 전체에서 노팽은 술이 장의 첫 문단에만 등장한다.
은상시대의 방중술 학자인 듯하지만 확실하진 않다. 노팽의
정체에 집착하기보단 공자가 옛 사료를 중심으로 저술활동을
했고, 복고적 성향이라는 사실만 이해하면 된다.
공자를 비롯한 유가학파는 문사철(文史哲)을 중시해서,
옛 자료를 탐닉하고(사학), 이를 자신의 세계관으로
정리했고(철학), 글로 묶었다(문학).
공자는 문사철로 구축한 자신의 세계관을 정치, 경제, 문화,
예술 등 모든 방면에 적용했다. 공자의 세계관은 동아시아
사회의 지향점이 되었다. 문제는 공자의 세계관에 대한 해석이
분분하다는 사실이다. 보수파는 공자의 언행을 그대로 따르는
데 집중했다. 이들은 '술이부작(述而不作)'을 강조했다. 성현인
공자도 저술할 뿐 지어내지 않았는데, 공자가 말하지도 않은
제도를 만들면서 세상을 복잡하게 만들 필요는 없다는 것이다.
진보파는 공자가 '미언대의(微言大義)'하다고 주장한다. 짧은
말 안에 큰 뜻이 담겨 있으니, 확대해석하여 더 나은 세상을
만드는 개혁 활동을 벌여야 한다는 것이다.

공자가 말했다. "저술하되 지어내지는 않았다. 옛것을 믿고
좋아한다는 점에서 남몰래 스스로를 노팽과 비교해본다."

짧고 Message

공자로부터 2000년도 넘게 흘렀는데, '술이부작'의 원칙을 훼손하는
기술이 유행하고 있다. 연예인 등의 얼굴을 합성한 '딥페이크 포르노'가
대표적이다.

074

학문하는 자세

학문에 대한 공자의 자세가 잘 드러난다. '묵묵히 마음에
새긴다'는 것은 앎을 앎에서 끝나도록 하지 않아야 한다는
뜻이다. 앎을 수양으로 연결하려는 유가 특유의 수양관을 엿볼
수 있다. 배움에 싫증을 내지 않는다는 것은, 한시도 배움을
멀리하지 말아야 한다는 뜻이다. 공자가 제자 가운데 안회를
가장 예뻐한 이유가 바로 여기 있다. 안회는 한시도 배움에서
멀어지지 않아 언제나 '인'을 실현했다고 한다. 잠시도
한눈팔지 말고 배우고, 묵묵히 자신의 일부로 만들었다면, 이제
배움을 세상에 널리 퍼뜨려야 할 차례. 배움과 마찬가지로
가르침에도 게으름을 부려선 안 된다. 공자는 이러한 삶을
자신의 천명으로 받아들여서, 어려울 게 무엇이냐고 물을
정도. 3,000명이나 되는 제자를 두고, 수천 년간 동아시아의
정신적 스승으로 군림할 수 있는 원천은 공자의 이런 마음가짐
때문이었을 것이다.

공자가 말했다. "묵묵히 마음에 새기고, 배움에 싫증을 내지 않으며, 가르침에 게으름을 부리지 않는다. 어찌 나에게 어려운 일이겠느냐?

짤고 Message

배워서 남 주냐고 묻는데, 공자는 그렇게 살았다. 배워서 남 주는 게 꼭 손해 볼 일은 아니다.

075

복고주의자 공자

주공은 주나라 문왕의 아들이자 무왕의 이복동생이다. 과거의
국가는 지금과 같은 영토국가가 아니었다. 은나라(=상나라)도
은나라가 중심이 된 정치연합국이라고 이해하면 된다.
은나라의 주왕이 폭정을 일삼는 동안, 연합국의 소국이었던
주나라 문공은 국력을 키웠고, 그 아들인 무공이 새로운
정치연합을 결성하여 은나라를 무너뜨리고 왕으로 즉위했다.
무왕이 된 것이다. 이때 이복동생인 주공이 주나라 중심의
새로운 정치질서를 세웠다. 그러니까 주공은 과거의 정치
시스템 설계자라고 할 수 있다. 공자를 비롯한 동아시아의
사상가들은 과거에 올바른 질서가 있었다는 복고주의적
세계관을 지녔다. 현재의 어지러움을 타파하기 위해서는
옛날의 올바른 시스템을 공부해야 하고, 지금의 잘못을 고쳐
빛나는 과거로 회귀해야 한다고 믿는 것이다. 동아시아 버전의
에덴동산 복귀론이다. 나이가 들어서인지 꿈에서 주공을
만나지 못하게 되어 안타깝다니, 공자가 과거를 얼마나
사무치게 그리워했는지 알 수 있는 대목이다.

공자가 말했다. "안타깝게도 늙어버렸구나. 꿈에서 주공을
뵙지 못한 지가 오래 되었구나!"

짧고 Message

최근의 연구에 따르면, 나이가 들수록 수면의 질이 하락하는 이유는
뇌의 기능 저하 때문이다. 뇌의 시상하부에서 신경전달물질을 분비해서
잠들거나 깨어나게 하는데, 뇌가 노화하면서 수면회로에도 이상이
생긴다는 것이다. 꼭 공자가 아니어도 나이를 먹는 건 안타까운 일이다.

076 /

배움의 준거

공자가 전인교육을 지향했다는 근거로 꼽히는 문장이다. 도에
뜻을 둔다는 것은, 도를 삶의 지향점으로 삼는다는 의미다.
덕에 근거한다는 것은, 덕을 모든 판단의 기준으로 삼는다는
뜻이다. 도가 장기적인 삶의 목표라면, 덕은 상황에 맞춰 도를
실행하는 방법이라고 할 수 있다. 따라서 덕을 갖추려면 지혜도
필요하다. 인(仁)은 사람 사이의 질서를 추구하는, 군자의
흔들림 없는 마음가짐이다. 인에 의지한다는 것은, 언제나 인한
마음을 갖추도록 하겠다는 의미다. 예(藝)는 지금의 예술과
달리 군자가 익혀야 할 여섯 종목인 육예(六藝)를 가리킨다.
육예에는 예의(禮), 음악(樂), 활쏘기(射), 전차 운행(御), 서예(書),
수학(數)이 포함된다.

공자가 말했다. "도에 뜻을 두고, 덕에 근거하고, 인에 의지하고, 예(藝)에 노닌다."

짤고 Message
모든 교육기관에서 '전인교육을 지향한다'고 주장하는데, 뉴스에는 점점 더 기괴한 망나니가 더 많이 등장한다. 그 이유가 뭘까?

077

공자의 수업료

공자는 '스스로 속수(束脩) 이상 가져오면'이라고 조건을
걸었다. 수는 말린 고기(육포)이고, 속은 육포 10장을 묶은
단위다. 직역하면 '육포 열 장 이상 가오면' 반드시 가르침을
줬다는 이야기다. 하지만 정말로 문장을 그대로 해석해서
공자의 수업료가 얼마였다는 식으로 받아들이면 곤란할 것
같다. 공자가 가장 사랑한 제자 안회를 떠올려보자. 그의
뒤주에는 쌀이 차 있을 때가 없었다고 한다. 찢어지게 가난한
그에게 육포를 구할 여유가 있었을 턱이 없다. 그럼에도
그는 공자의 문하에 들어가서 가장 사랑받았다. 육포 한
묶음은 예물로 보고, '스스로 예의를 갖추어 찾아오면' 정도로
해석하자.

공자가 말했다. "스스로 말린 고기를 한 묶음 이상 가져오면 나는 가르쳐주지 않은 적이 없다."

짤고 Message

아주 교조적으로 해석해서, 공자의 수업료를 육포 한 묶음이라고 술이부작 해보자. 싱가포르의 고급 육포인 비첸향도 몇 만 원이면 한 상자를 구입할 수 있다. 세계 최고 석학의 수업료도 이런데 21세기 대한민국의 등록금은 말이 안 된다.

078

공자의 수업 방식

공자는 제자가 스스로 생각해서 깨닫도록 했다. 논어에서
공자는 똑같은 문제를 놓고 제자들에게 서로 다른 해석을
건넸다. 또한 제자를 칭찬하기보단 꾸짖는 경우가 많았는데,
대부분 제자의 부족한 부분을 질타하는 내용이었다. 공자는
제자에게 지식을 주입하지 않았다. 스스로 깨달을 수 있도록
도움을 주는 것이 공자의 수업 방식이었다. 스스로 분발해서
해법을 찾으려고 노력하지 않으면 도와주지 않았다. 탁자를
예로 들면, 네 귀퉁이의 형상을 설명하는 대신 한 귀퉁이의
모습을 보고 다른 세 귀퉁이의 모습을 스스로 유추하도록
유도했다. 논어 제5장에는 안회를 극찬하는 구절이 나온다.
하나를 들으면 열을 안다는 것이었다. 이는 안회의 지능이
뛰어나다는 칭찬이 아니다. 스스로 깊이 궁리해서 깨달음을
얻는 데 대한 찬사였다.

공자가 말했다. "나는 분발하지 않으면 깨우쳐주지 않았다. 애태우며 고민하지 않으면 답을 찾도록 도와주지 않았다. 한 귀퉁이를 들어보고 나머지 세 귀퉁이를 반추할 줄 모르면 반복해서 가르쳐주지 않았다."

짤고 Message

물고기를 주지 말고 낚시하는 방법을 알려주라고 했는데, 요즘의 교육은 밥을 입에 넣어주는 것으로도 부족해 대신 씹어달라는 식이 적지 않아 아쉬움이 남는다.

079

진정한 용기

공자 학교의 일상을 보여주는 문단이다. 공자는 적극적으로
나서 현실 사회에 이바지하길 바랐다. 하지만 권력욕과는 다른
문제였다. 그렇기 때문에 쓰임이 있어서 불리면 출사하고,
쓰임이 다하여 버려지면 은거해도 그만이라고 생각했다.
공자의 안연 칭찬이 다시 시작되었다. 능력을 갖추었지만
자리에 연연하지 않을 수 있는 제자는 그뿐이라고 한 것이다.
언제나 혼나기만 하는 맏형은 사제가 부러웠는지 스승에게
질문을 던진다. 군대 관련 업무라면 자신이 적격이 아니냐는
물음이었다. 공자의 답변은 싸늘하다. 정말로 군대를 지휘해야
한다면 신중하게 계획을 세워서 위험한 변수를 확실히
제거하면서 반드시 성과를 낼 사람이어야 함께 할 텐데, 자로의
용맹은 무모함에 가깝다는 것이다.

공자가 안연에게 말했다. "쓰이면 나아가고, 버려지면 숨는다.
아마도 너와 나만 할 수 있는 일일 듯하구나."
자로가 물었다. "선생님께서 삼군을 지휘하게 된다면 누구와
함께하시겠습니까?"
공자가 말했다. "호랑이를 때려잡고 맨몸으로 강을 건너는
일에 목숨을 걸고도 후회하지 않는 사람과는 함께하지 않겠다.
일을 할 때는 반드시 두려워할 줄 알고 계획을 잘 세워서
목표를 이룰 사람이어야 한다."

짤고 Message
용기와 만용을 정확하게 구분하긴 쉽지 않다. 그러나 대부분의 경우,
용기는 지혜를 포함한다. 아무 고민도 하지 않고 이성을 1%도 함유하지
않은 만용은 패가망신의 지름길이다.

080

공자가 중요하게 여긴 세 가지

재계는 목욕재계의 그 재계다. 중요한 일을 앞두고 몸과 마음을
정결하게 하는 행위를 가리킨다. 여기에서는 나라의 중요한
의례에 앞선 재계를 의미한다. 따라서 국가정책의 수립이나
실행에 신중을 기한다는 뜻으로 받아들이면 된다. 그밖에도
공자는 전쟁과 질병의 문제를 신중하게 받아들였다. 조선
후기의 성리학 과잉 때문에 공자사상을 현실과 동떨어진
이론처럼 오해하는 경향이 있다. 그러나 공자는 현실의
정치적 문제들을 철저하게 고민했다. 국가정책, 전쟁 그리고
보건위생에 신중했다는 내용이 그 근거라고 할 수 있다.

공자가 신중하게 여긴 것은 재계와 전쟁 그리고 질병이었다.

짧고 Message

미국과 유럽에선 코로나바이러스가 기승을 부리는 데도 마스크 착용이
시민의 자유권 억압이라며 폭동을 일으키는 일도 있었다. 재계(정책)와
전쟁(폭동), 질병(위생)을 모두 가볍게 여긴 처사다.

081

꾸준한 공부의 성과

천하 주유 중이던 공자는 제자들과 함께 초나라로 향했다.
그곳에서 입각하여 자신의 정치적 포부를 펼칠 수 있을까
하는 희망 때문이었다. 초나라와 접경한 진나라와 채나라는 이
소식을 듣자 군대를 보내 공자를 억류했다. 인재풀이 넘치는
공자집단과 신흥강국 초나라의 조합이 무서운 시너지를
일으킬까 두려워한 탓이었다. 공자와 제자들은 굶어죽기
직전까지 갔지만 초나라의 구원병이 오면서 간신히 목숨을
건졌다. 진나라와 채나라의 사례에서 볼 수 있듯 공자는 당대
최고의 석학으로 인정받고 있었다. 까다로운 그를 어디에서도
기용하진 않았지만 말이다. 공자도 자신의 능력이 선천적이지
않다고 고백한다. 날 때부터 세상의 이치를 알던 사람이 아니라
부지런히 배움을 거듭한 결과 석학으로 인정받게 되었다는
것이다.
여기에서 또 한 가지 알 수 있는 점은 옛것에 대한 공자의
애틋한 사랑이다.

공자가 말했다. "나는 태어나면서부터 아는 자가 아니었다.
옛것을 좋아하여, 부지런히 배움을 추구한 사람일 따름이다."

짤고 Message
마블월드를 살펴봐도 후천적으로 능력을 개발한 슈퍼히어로가 더 많다.

082

철저한 현실주의

괴력난신(怪力亂神)에서 괴는 괴이한 일, 력은 힘과 권세로
찍어 누르는 일, 난은 어지러운 일, 신은 귀신처럼 초현실적인
일을 뜻한다. 괴력난신은 형이상학적인 문제라고 돌려 말할
수 있다. 공자는 제사 모시는 일을 매우 중시했지만 조상의
신령이 실재하는지를 언급한 적은 없다. 세상에는 온갖 기괴한
미스터리가 넘쳐난다. 하지만 고민하고 생각을 거듭해도
이런 형이상학적 문제에는 정답을 낼 수 없다. 공자와 유가는
철저하게 현실에만 관심을 가졌다. 그러니 공자 학파가
괴력난신을 교과 커리큘럼으로 선택하는 일은 있을 수 없었다.
송나라 이후의 유교는 불교의 영향을 강하게 받아
형이상학적으로 변했다. 그래서 주자학이나 양명학 같은
형이상학적 유교 이론을 '신유학'이라고 불러 공자 시대의
정치경제학적 유학과 구분하기도 한다.

공자는 괴력난신을 이야기하지 않았다.

짤고 Message

괴력난신의 인기는 시대를 초월한다. 혈액형에 대한 믿음을 예로 들 수
있다.

083

누구에게도 배울 수 있다

가장 좋은 배움은 사람으로부터 얻는 것이다. 타인의 행동을
보면 함부로 품평하기보단, 스스로 옳고 그름을 구분하여, 좋은
행동은 따라하고 나쁜 행동은 따라하지 않도록 노력해야 한다.
공부는 책상 위에서만 하는 게 아니다. 늘 삼가며 스스로를
경계하여, 몸이 시시비비에 익숙해지도록 만들어야 한다.

공자가 말했다. "세 사람이 길을 간다면, (그 중에는) 반드시 나의 스승이 될 만한 이가 있다. 그들 가운데 좋은 행동이 있다면 따라서 익히고, 나쁜 것이 있다면 고치도록 한다."

짤고 Message

코로나바이러스의 대유행으로 셋이 나란히 다니는 일도 드물어졌다. 마스크를 잘 쓴 사람이 있다면 나 자신의 마스크 착용상태를 점검하고, 마스크를 제대로 쓰지 않은 사람이 있다면 나 자신이 턱스크 착용자는 아닌지 확인한다.

12. 태백(泰伯) - 논어 제8장

공자를 가장 가까이에서 모신 제자는 자로와 자공일 것이다. 공자가 가장 사랑한 제자로는 안회와 염옹을 들 수 있다. 논어에도 이들 네 명에 대한 평가가 반복된다. 논어 제8장에선 증자가 여러 번 등장한다. 그런데 특이하게도 증자는 공자와의 대화를 통해 나타나지 않는다. 단독으로 등장해 자신의 생각을 설파한다.

논어는 제자들이 기억하는 공자의 말씀을 모아놓은 책이다. 여러 제자들이 편찬과정에 참여했겠지만, 많은 학자들은 증자 학파가 작업을 주도했을 것으로 짐작한다. 태백의 증자 출현 횟수가 그 근거다. 또, 태백은 공자의 복고 애호증이 특히 잘 드러난 장이기도 하다.

084

고대 중국의 양녕대군

태백은 주나라 문왕의 큰아버지다. 맏아들이지만 셋째
동생에게 나라를 물려주려는 아버지의 뜻을 알아채고 왕위를
양보하려 했다. 셋째 동생인 계력은 그럴 수 없다고 했다.
이에 태백은 세 가지 행동으로 양보의 뜻을 분명하게 했다.
먼저 그는 둘째 동생 중옹과 함께 남쪽으로 도망쳤고, 몸에
문신을 새기고, 머리를 짧게 잘라버린 것이다. 주나라 초기의
제도와 문화를 숭상했던 공자에게 태백은 존경받아 마땅한
위인이었다. 한편으론 안타까움의 대상이기도 하다. 왕위를 세
번이나 거절할 정도로 덕이 높았는데, 나라를 떠나버렸으니
백성들이 그의 덕을 칭찬할 방법조차 없게 되었으니
안쓰럽기도 했을 것이다.
주나라를 떠난 태백은 남쪽 형만으로 갔는데, 그곳에서도 그의
덕은 반짝반짝 빛이 났던 듯하다. 현지인들은 그를 제후로
삼아 오나라를 세웠다. 오나라의 시조이기 때문에 태백은
오태백이라고도 불린다.

공자가 말했다. "태백은 그 덕이 지극했을 것이다. 세 번이나 천하를 양보했는데, 백성은 그 덕을 칭찬할 수조차 없었다."

짤고 Message

자신에게 적합하지 않은 자리에는 앉지 않는 것이 좋은 커리어를 만드는 길일 수도 있다.

085

예절의 핵심은 적당함

사람을 만날 때에는 그와의 관계에 맞는 바른 마음가짐을
품어야 한다. 그리고 그 마음가짐을 가장 적합한 형식으로
표시해야 한다. 그 행동양식이 바로 예(禮)다. 그러므로 때와
장소, 상대에 맞춰 알맞은 예를 갖추어야 한다. 지나치게
공손하게 굴면 구차해지고, 너무 신중하게 접근하면 상대를
두려워하게 된다. 너무 씩씩하게 다가갔다간 인간관계가
난잡하게 어지러워지고, 너무 뻣뻣하게 굴면 야박하거나
인색하다는 소리를 듣게 된다.

공자가 말했다. "공손함이 지나쳐서 예를 넘어서면
수고스러워지고, 신중함이 지나쳐서 예를 넘어서면
두려워지고, 용맹함이 지나쳐서 예를 넘어서면 어지러워지고,
올곧음이 지나쳐서 예를 넘어서면 야박해진다."

짤고 Message

예의도 지나치면 무례가 된다. 부하직원의 아부에 혹하는 건 예의와 무례를
구분할 줄 모르는 어리석음 때문이다.

086

건강이 소중한 이유

중병에 걸렸지만 생사의 고비는 넘어선 후 증자가 제자들을
불러 이야기했다. "내 손발에 이상이 없는지 살펴봐라.
〈시경〉에 이르길, 정말 두려우면 깊은 물에 빠졌거나 살얼음판
위를 걷는 기분이라고 했다. 이제야 전전긍긍하는 두려움에서
벗어났구나."

논어 제8장의 3번째 문단부터 7번째 문단의 주인공은
공자가 아닌 증자다. 〈효경〉의 저자인 증자는 깊은 효심으로
유명했다. 그가 제자들에게 자신의 손발을 살펴보라고 한
것이나, 죽음에 대한 공포에서 전전긍긍한 것은 모두 효도와
관련된다. '신체발부 수지부모(몸의 터럭 하나도 부모님께 받은
것이다)'라는 표현에서 알 수 있듯이 유가에서 효도는 자신의
몸과 건강을 지키는 데에서 시작된다.

참고로 전전긍긍(戰戰兢兢)은 너무 무서워서 발을 동동 구르는
형상을 가리킨다. 이때의 전(戰)은 '전쟁을 치르거나 싸운다'는
뜻이 아니라 '두려워하다'라는 뜻을 담고 있다.

병에 걸린 증자가 문하 제자를 불러들여 말했다. "내 발을
살펴보고, 손을 살펴보아라. 〈시경〉에 이르기를, 깊은 물에
들어갔거나 살얼음판에 있는 것처럼 전전긍긍한다고 했다.
내가 이제야 그런 상황에서 벗어났구나."

짤고 Message

부모에게 자식의 아픈 모습을 보여주는 것만한 불효는 없다. 누군가를
사랑한다는 것은, 삶을 연결한다는 뜻이다. 누군가를 사랑한다면 건강은
혼자만의 문제가 아니게 된다. 병이 들면 사랑하는 사람들, 특히 가족들이
함께 힘들어진다.

087

민중의 한계

공자는 신분에 따른 차별적 질서를 주장했다. 형벌로
다스리기보단 교화하여 올바른 사람으로 만들어야 한다고도
했다. 하지만 일반 백성이 군자의 수준으로 발전하긴 어렵다고
여긴 듯하다. 바로 이 문장에서 공자는 백성이 무엇을 따르고
무엇을 이해한다는 것인지 밝히지 않았다. 하지만 세상의
올바른 이치나 정치, 도덕이나 윤리 등 어떤 가치를 대입해도,
공자가 백성의 한계를 미리 노정했다는 사실에는 변함이 없다.

공자가 말했다. "백성을 따르도록 할 수는 있지만, 백성이
알게 만들 수는 없다."

짧고 Message
강력한 신분사회였다는 시대적 배경을 감안하더라도 이는 민중의
한계라기보다 공자와 유가의 한계라고 인정하지 않을 수 없다. 그러나
한편으론 이미지 정치에 쉽게 흔들리는 현실 민중을 보면서 공자의 생각이
과연 잘못된 것인지 고민하게 된다.

088

세상에 나가야 할 때

공자는 세상이 어떻게 흘러가건 배우고 익혀 군자의 풍모를
지녀야 한다고 했다. 올바름을 지키기 위해선 언제든 목숨을
초개같이 바칠 수도 있어야 한다. 하지만 군자가 언제나 입바른
소리를 해야 한다고 여기진 않았다. 도리가 흔들리는 나라에서
벼슬을 하지 않고, 위아래가 무너진 나라에 둥지를 틀지 않는
게 낫다고 봤다. 세상에 도가 있을 때에만 나아가 벼슬을 하고,
그렇지 않을 때에는 은거하라고 했다. 후학을 양성하며 기회를
도모하라는 의미일 것이다. 군자는 인의로우면서 지혜로워야
한다. 때를 분별할 줄 알아야 한다. 도가 바로 선 사회에서
가난하고 천박해서 부끄럽다는 이야기는 적극적으로 출사하여
부귀를 이루라는 뜻이다. 마찬가지로 도가 무너진 시대에는
은거하며 부귀에서 초연하라고 공자는 조언한다.

공자가 말했다. "믿음을 굳건히 하고 배우기를 좋아하며, 올바른 도를 목숨으로 지킨다. 위태로운 나라에는 들어가지 않고, 어지러운 나라에선 살지 않는다. 천하에 도가 있으면 나타나고, 도가 없으면 숨는다. 나라에 도가 있는데 가난하고 천하다면 부끄러운 일이고, 나라에 도가 없는데 부유하고 귀하다면 이또한 부끄러운 일이다."

짤고 Message
직장을 선택할 때도 마찬가지다. 아니다 싶은 회사는 조건이 아무리 좋아도 때려치우는 게 나은 선택일 수 있다.

13. 자한(子罕) - 논어 제9장

사후 동아시아의 정신적 지주가 되었다고 해도 공자가 살아서 뜻을 이루지 못했음은 부인할 수 없다. 좋게 포장해도 실패한 선각자였다. 아마도 공자가 떠나고 논어의 편찬 작업이 한창 진행될 때에도 이런 시각은 존재했을 것이다.

논어의 제9장 제목은 공자를 가리키는 자(子)와 드물다는 의미의 한(罕)으로 구성되어 있다. 제목부터 이 장이 공자의 실패한 삶을 집중 조명한다는 사실을 유추할 수 있다. 공자의 계승 집단이자 논어의 편찬 집단은 공자의 실패를 담담하게 인정한다. 하지만 공자의 한결 같은 삶에 대해 읽다보면, 그의 실패가 진정한 실패였는지 되묻게 된다. 어쩌면 공자의 실패는 사상의 실패가 아니라 시대의 실패였을 뿐인지도 모른다.

089

공자가 말하지 않은 것

공자는 경건한 삶을 살았다. 하늘의 뜻(命)을 따르려고 늘
조심했을 것이다. 그런데 논어 제9장은 그가 하늘의 뜻을 거의
언급하지 않았다는 문장으로 시작한다. 여기에서의 명(命)은
옳고 그름에 대한 하늘의 명령이 아니라, 운명을 가리킨다.
이익과 연결된 하늘의 뜻, 즉 시운을 뜻할 수도 있다. 공자는
대의를 따르려고 했다. 그렇기 때문에 언제 무엇을 어떻게 해야
이익이 되는지 고민하지 않았고, 그런 생각을 입에 올리지도
않았다. 공자는 인(仁)에 대한 이야기만 하면서 살았다. 공자가
살아서 뜻을 이루지 못한 이유는 분명하다. 이런 자세로 평생을
살았기 때문이다.

공자는 이익과 하늘의 뜻에 대해서는 거의 말하지 않았고 늘 인에 대해서만 더불어 했다.

짤고 Message
공자가 현대를 살아간다면 '인생은 타이밍'이라는 표현을 극도로 혐오했을지도 모르겠다.

090

비웃음에 초연한 공자

달항은 지명인데, 인구가 500가구 이상인 곳으로 추정된다.
'어떤 도시 사람' 정도로 이해하면 되겠다. 도시 사람이 공자의
인생을 비꼬았다. "대단합니다. 능력이 출중하다고 소문은
났는데 평생 뭘 했습니까? 이룬 게 하나라도 있습니까?"
공자는 노하지도 않고 비아냥거림을 웃음으로 받아 넘긴다.
"이룬 게 없다고 하니 잘하는 일을 하나라도 해야겠구나. 내가
무엇을 하면 좋을까? 수레 운전도 좀 자신 있고, 활쏘기 실력도
괜찮은데... 그냥 수레나 몰아서 이름을 얻어야겠구나."
제자들이 보기에 공자는 능력이 부족한 사람이 아니었다.
수레를 몰거나 활을 쏘는 데에만 집중했어도 그 분야에서
성공했을 것이다. 그러나 공자는 그런 사소한 재주로 가늠할
만한 사람이 아니었다. 성공과 실패로 재단할 수 없는
거인이라고 판단했기에 이런 기록을 남겼을 것이다.

달항 사람이 말했다. "대단합니다. 공자여, 배움이 깊다고
하는데 이룬 건 하나도 없습니다."
공자가 이 말을 듣고 제자들에게 이르렀다. "내가 무엇을 해야
할까? 수레를 몰아야 할까? 아니면 활을 잡아야 할까? 나는
수레고삐나 잡아야겠다."

짤고 Message
시비에 똑같이 대응하면 상대와 비슷한 수준이 되어버린다. 마음에 여유가
있다면 사소한 시비는 웃음으로 받아 넘길 수 있다.

091

전통과 현실을 유연하게 연결한 공자

자한의 3번째와 4번째 문단은 공자가 어떻게 살았는지
보여준다. 3번째 문단에서 공자는 예법을 논한다. 예법도
시대에 따라 변한다. 공자는 두 가지 사례를 든다.

먼저 의복(모자) 선택의 문제다. 전통적으론 비싼 삼베 모자를
착용했지만 공자 시대에는 검은 명주 모자가 저렴하게
보급되었다. 공자는 전통보단 세태를 선택했다. 다음으론
절하는 방법이 문제다. 과거에는 아랫사람이 윗사람보다 조금
낮은 곳에서 절했는데, 공자 시대에는 나란히 서서 절하는
식으로 풍습이 바뀌었다. 공자는 유행에서 어긋나더라도
당하에서 절하겠다고 했다. 줏대 있는 공자의 모습을 엿볼 수
있다.

하지만 4번째 문단을 보면 공자는 자신의 뜻만 고집하진
않았다. 그는 함부로 결정하지 않았고, 자신의 생각이 옳다고
단언하거나 고집을 부리지도 않았다. 포용력 있는 모습이다.
공자는 언제나 열린 자세로 과거와 현재를 연결하려고 했다.
아집에 빠지지 않고 타인을 포용하기 위해서도 노력했다.
시대를 넘나들었기 때문에 공자는 더 힘들게 살았다. 하지만
이런 포용력 때문에 공자의 가치가 시대를 초월할 수 있었다.

공자가 말했다. "삼베 모자가 예법에 맞지만 요즘은 일반적으로 검소하게 검은 명주를 쓴다. 나는 일반적인 방식을 따르겠다. 윗사람에게는 아래에서 절하는 게 예법에 맞는데, 요즘은 사치스럽게도 위에서 절한다. 비록 요즘의 일반적인 방식에선 어긋나지만 나는 아래에서 절하겠다."

공자는 네 가지를 하지 않았다. 마음대로 결정하지 않았고, 반드시 그렇다고 단언하지 않았고, 꽉 막힌 고집을 부리지 않았고, 스스로만 옳다고 하지도 않았다.

짧고 Message
언제나 타인의 의견에 귀를 열고, 스스로 결정을 내릴 수 있어야 한다. 그게 리더의 자세다.

092

젊어서 고생을 사서 한 공자

태재는 관직이다. 여기에선 자공이 외교 사절로 오나라를
방문했을 때 접견한 백비를 가리킨다고 하는데, 확실하진 않다.
아무튼 태재가 공자의 다재다능함을 자공에게 물어봤는데,
순수한 칭찬이었는지 여부는 모호하다. 자공은 공자야말로
하늘이 내린 성인이기 때문에 다재다능하다고 대답했지만,
공자의 생각은 달랐다. 공자는 아주 높은 가문 출신이 아니다.
심지어 노인과 젊은 여인의 '야합'으로 태어났다는 기록도
있다. 신분이 대단하지 않았기 때문에 공자는 젊어서 다양한
일을 경험해야 했다. 그 과정에서 여러 재주가 생겼지만
자랑스럽게 여기진 않았다. 공자 생각에 잔재주는 별로
중요하지 않았기 때문이다. 군자는 세상을 경영하는 능력만
갖추면 되지 다양한 기능을 갖출 필요는 없다고 여긴 것이다.

태재가 자공에게 물었다. "선생님은 성인이신가? 어찌 그리 재주가 많으신가?"

자공이 말했다. "하늘이 선생님을 성인으로 나게 하셨습니다. 그래서 재능도 많으십니다."

공자가 듣고 말했다. "태재가 나를 아는구나. 나는 젊어서 비천했다. 그래서 다양한 일을 하다가 능숙해진 것이다. 군자가 많은 재주를 가져야 할까? 많은 재주는 필요 없다."

짧고 Message

스티브 잡스는 삶의 다양한 궤적들이 나중에 하나로 모인다고 했다. 공자는 군자에게 다양한 재주가 필요 없다고 했지만, 삶의 다양한 경험은 생각의 폭을 넓게 만든다.

093

공자의 노년

자한의 9번째 문단에서 공자는 세상에서 더 이상 희망을 찾기
어렵다고 한탄하더니 12번째 문단에선 병든 공자의 장례식을
준비하던 일화가 등장한다. 자한 중반부는 공자 노년의 절망과
죽음의 어두운 음영을 담고 있다. 13번째 문단에서 공자와
자공은 구슬에 대하여 이야기한다. 아름다운 구슬은 공자
자신에 대한 비유다. 공자는 평생 자신을 팔고자 했다. 하지만
구슬의 가치를 알아보는 상인, 즉 공자를 기용하여 포부를
펼치도록 해줄 군주를 만나지 못했다.

자공이 물었다. "아름다운 구슬이 여기 있다면 상자에 담아 보관하시겠습니까? 좋은 상인을 찾아 파시겠습니까?" 공자가 말했다. "팔아야지, 팔아야지. 나는 상인을 기다릴 것이다."

짧고 Message
자신을 알아주고, 자신의 뜻을 펼치도록 도와줄 사람을 만나기란 쉽지 않다. 그런 사람이 인생의 귀인이다.

094

아쉬움을 노래하다

가능성은 무한했는데, 실제 그 능력이 한껏 발휘되지 못한
아쉬움을 담았다. 이 문장의 해석은 두 가지다. 요절한 제자
안회를 향한 그리움을 담았다는 주장이 하나고, 정치적 포부를
실현하지 못한 자신의 인생을 아쉬워한다는 주장이 다른
하나다. 어느 쪽이건 말년의 공자 가슴은 텅 비었을 것이다.

공자가 말했다. "싹이 났는데도 이삭을 피우지 못했구나.
이삭이 피어도 열매를 맺지 못했구나!"

짤고 Message
피지 못한 꽃망울에는 언제나 눈물이 맺힌다. 세월호 아이들을 향한 우리
마음도 다르지 않다.

095

기쁜 두려움

청출어람과 비슷하게 사용되는 고사성어, 후생가외(後生可畏)가
등장한다. 스스로 뜻을 이루지 못한 공자는 노년에 제자
양성에 집중했다. 그런 그인 만큼 후학에 거는 기대가 컸다.
후학이 자신의 능력을 넘어서길 기대하는 마음이 너무나
커서 두려움에 이를 정도였다. 하지만 후학 역시 사오십이
넘어도 뜻을 이루어 이름을 떨치지 못한다면 더 이상 두려울
바가 없다고 말한다. 사오십이 될 때까지 세상을 바꾸지 못한
후학이라면 자신처럼 한발 물러서서 제자 양성에 나서라는
뜻은 아니었을까?

공자가 말했다. "뒤 따라 오는 후학이 두렵구나. 그들이 어찌 지금 사람만 못하겠는가? 그러나 사오십이 된 후에도 이름이 들리지 않는다면, 그들 또한 두려워할 사람은 되지 않는다."

짤고 Message

공자 시대에도 사오십은 하나의 마지노선 같은 개념이었나 보다. 지금도 다르지 않다. 사오십까지 특별한 성과를 내지 못하면 명예퇴직 권고가 들어오기 십상이니 말이다.

14. 향당(鄉黨) - 논어 제10장

논어의 제10장인 향당은 때와 장소에 따라서 공자가 구체적으로 어떻게 행동했는지 기술했다. 문장을 극도로 압축해놓은 다른 장들과 달리 호흡이 길고 묘사도 매우 세세하다. 어쩌면 향당은 올바른 예법의 전수를 목적으로 기록된 장일지도 모르겠다. 행동규범에 집중하기 위해서인지 구체적인 인물이나 사건도 등장하지 않는다.('계강자가 약을 보냈다'는 정도가 유일한 예외다.)

지역사회나 종묘, 조정에서 발언할 때, 외교 사절을 접대할 때, 입궐하고 군주를 만났을 때, 의관을 정제해야 할 때의 올바른 태도는 물론 일상에서 공자가 먹고 자는 자세까지 다룬다.

공자의 사상을 이해하기 위해 그의 식습관까지 살펴볼 필요는 없으므로, 다른 장보다 가볍게 둘러보길 권한다.

096

공자의 발언 자세

향당은 커다란 마을을 가리킨다. 지역사회에서 공자는
과묵해서 마치 벙어리 같았다. 하지만 종묘나 조정에 나서면
유려하게 말했다. 공자는 언변이 부족한 것이 아니라 스스로
언행을 조심했을 뿐이다. 그의 발언 자세는 상황에 따라
달랐다. 하급 귀족들과 토의할 때에는 강직하게 말했고, 고위
귀족과 이야기할 때에는 부드러우면서 엄숙한 어조를 썼다.
군주 앞에서는 공손하게 예의를 갖췄지만 여유 있게 말했다.
공자는 상대에 따라 맞춤형 언어를 구사한 듯하다. 상대에
맞춤형으로 대응하는 자세인 '예(禮)'의 단면을 엿볼 수 있는
대목이다.

마을에 있을 때 공자는 공손하고 조심스러워서 마치 말을 할 줄 모르는 사람 같았다. 하지만 종묘나 조정에 나왔을 때에는 유창하고 유려하게 말을 했으니, 오직 삼갔을 뿐이다. 조정에서 하대부와 대화할 때에는 강직했고, 상대부와 대화할 때에는 부드러우면서 엄숙했다. 군주 앞에선 공손하지만 여유 있었다.

짤고 Message
지금도 때와 장소, 상대에 맞춰 화법을 달리하는 것은 중요하다.
죽마고우를 만났을 때와 회사 정식 회의에서의 말투가 똑같아선 곤란하다.

097

군자의 복장

공자는 때와 장소에 맞춰 옷을 입었는데, 상당히 까다로웠다.
색깔이나 옷감에 따른 코디도 까다로웠다. 논어 제14장에는
이런 식으로 공자의 의식주 패턴이 나오는데, 어느 하나
까다롭지 않은 게 없다.

군자는 진보라색과 검붉은색으로 옷깃을 장식하지 않고,
붉은색과 자주색으로 평상복을 만들지 않는다. 더운 여름에는
고운 베와 굵은 베로 된 홑옷을 입지만, 반드시 겉옷을
걸쳐 감싸고 외출한다. 검은 옷에는 검은 양가죽으로 만든
갖옷을 입으셨고, 흰 옷에는 새끼 사슴가죽으로 만든 갖옷을
걸치셨다. 누런 옷에는 여우가죽 갖옷을 입으셨다. 평소의
갖옷은 길고 오른쪽 소매는 짧았다. 잠옷은 키의 한 배 반
정도로 길게 입었다. 방에서는 여우와 담비의 두터운 털가죽을
두툼하게 깔고 앉았다. 상을 치르고 난 이후에는 반드시
패옥을 착용했다. 입궐할 때나 제례를 지낼 때 입는 옷이
아니라면 반드시 폭을 줄여서 입었다.
검은 갖옷과 검은 관을 쓰시고는 조문하지 않았다. 매달
초하루에는 반드시 조복(朝服)을 입고 조정에 들어갔다.
재계할 때는 반드시 삼베로 된 옷을 입었다.

짤고 Message
그저 공자의 옷장이 부러울 따름이다.

098

공자의 상황별 행동

술자리에서는 어른에게 순서를 양보했다. 큰 행사가 있으면
의관을 단정히 하고 정해진 자리를 지킨다. 사신을 배웅할
때에는 두 번 절하며 예를 갖춘다. 향당의 10번째와 11번째
문단의 주요 내용이다. 15번째 문단에선 군주가 음식을
하사했을 때의 대처법, 16번째 문단에선 군주가 문병 왔을 때의
대처법이 나온다. 17번째 문단은, 군주가 부르면 수레에 멍에를
얹을 여유도 없이 급히 간다는 내용을 소개했다. 심지어 잘
때와 집에서 쉴 때의 표정에 대해서도 이야기한다(*21번째 문단*).
공자의 이런 행동들은 이후 동아시아의 예법으로 자리 잡는다.

마을 사람들과 술 마시는 예를 행할 때에는 지팡이를 짚은 어른이 먼저 나간 다음에야 나갔다. 마을 사람들이 잡귀를 쫓는 행사를 할 때에는 조복을 입고 동쪽 섬돌에 서 있었다.

다른 나라로 파견 나가는 사람에게는 반드시 두 번 절한 다음 보냈다.

짤고 Message

모두 진심을 담아 적절한 예를 표한 공자의 행동이다. 진심을 빼놓고 공자의 행동거지를 그대로 복사한다고 올바른 예절이 되진 않는다.

15. 선진(先進) - 논어 제11장

논어의 제5장(공야장), 제6장(옹야)에 이어 인물에 대한 평가가 주된 내용을 이루는 장이다. 하지만 선진에선 공자가 직접 제자를 평가한다. 18번째 문단을 예로 들면, "자고(=고시)는 어리석고, 증삼(=증자)은 노둔하며, 자장(=전손사)은 치우치고, 중유(=자로=계로)는 거칠다"라고 제자들의 단점을 대놓고 지적한다. 노골적인 만큼 휴먼드라마의 감동도 크다.

선진의 다음 장은 '안연'이지만, 정작 안연이 논어에서 가장 많이 등장하는 곳은 바로 이 장이다. 앞부분은 제자들의 일화와 평가가, 뒷부분에선 제자들과 대담하는 교육 장면이 주를 이룬다.

099

공자 시대의 수저론

나아간다는 말은 정치에 진출한다는 의미다. 예악은 예와
음악에 대한 전문성 습득으로 해석하면 된다. '예악에 먼저
나아간다'는 것은, '예와 음악을 먼저 갈고닦은 다음 정치에
진출한다'는 뜻이다. 반대로 예악에 늦게 나아가는 사람도
있다. 전문성을 습득하기도 전에 벼슬에 오른다니, 금수저라는
소리다. 이제 본문 전체를 다시 읽어보자.

공자가 말했다. "열심히 공부한 다음 벼슬을 하는 사람은
흙수저나 마찬가지다. 일단 벼슬부터 하고 전문성을 닦아가는
이들은 금수저다. 만약에 내가 인사권자라면 열심히 공부한
흙수저를 쓰겠다."

다른 해석도 있다. "옛사람은 예악의 측면에서 보면 (질박해서)
야인이나 다름없었다. 시간이 지나면서 뒷(요즘)사람들은
예악에 능숙해져서 군자처럼 되었다. 하지만 내가
인사권자라면 질박하더라도 예악의 근본에 익숙한 옛사람을
쓰겠다."

어느 해석을 따르건 논어에서 '군자'가 별로 긍정적이지 않게
묘사된 극히 예외적인 장면이다.

공자가 말했다. "예악에 먼저 나아간다면 야인이나 다름없고, 예악에 늦게 나아가는 자는 군자라고 할 수 있다. 내가 사람을 기용한다면, 예악에 먼저 나아가는 사람들을 쓰겠다."

짤고 Message
예나 지금이나 금수저가 유리한 건 똑같다. 기울어진 운동장의 균형을 잡아줄 합리적인 제도가 필요하다.

100

공자의 수제자들

덕행에 있어서는 안연(=안회), 민자건, 염백우(=염경),
중궁(=염옹)이 뛰어나다. 언어에선 재아(=재여=자아)와
자공(=단목사)이 두각을 나타냈고, 정사에선 염유(=염구=염자)와
계로(=중유=자로)가 발군이었다. 문학으론 자유(=언언)와
자하(=복상)가 탁월했다.

덕행, 언어(외교), 정사(행정과 군사), 문학(교육과 철학)의
4가지 분야를 사과(四科)라고 한다. 공자의 3,000제자 가운데
가장 뛰어난 10인을 십철(十哲)이라고 불렀다. 공문십철 또는
사과십철은 공자 문하의 S등급 수제자들이었다. A등급 제자
72인을 부르는 용어도 있다. 72현(賢)이 그것이다.

덕행은 안연, 민자건, 염백우, 중궁이고, 언어는 재아와
자공이며, 정사는 염유와 계로이고, 문학은 자유와 자하다.

짤고 Message
공자의 가장 뛰어난 10인의 제자, 아니면 5~6인에 대해서만 어느 정도
알아두면 논어 읽기가 10배쯤 쉽고 재밌어진다.

101

애제자의 죽음

선진의 7번째부터 11번째 문단까지는 안연(=안회)의 죽음에
대한 이야기가 계속 등장한다. 9번째 문단에서 안연의 죽음을
알게 된 공자는 크게 한탄했고, 10번째 문단에서는 통곡하며
"안연의 죽음이 아니라면 어떻게 이리도 마음 아플 수가
있단 말이냐?"며 울부짖는다. 그가 제자를 얼마나 가슴 깊이
담아두었는지 짐작할 수 있다.

안회의 장례 절차에 대한 이야기도 나온다. 고대 중국에선
신분이 높은 사람만 덧관을 쓸 수 있었다. 안회의 아버지가
공자에게 수레를 팔아 덧관을 마련해줄 수 없느냐고 요청하자
공자는 거절한다. 대사구의 벼슬을 한 그가 수레를 팔고 걸어
다니는 것이 법도에 어긋나기 때문이었다.

안연이 죽자 공자가 말했다. "아! 하늘이 나를 버리는구나.
하늘이 나를 버리는구나!"

안연이 죽자 공자가 통곡했다. 모시던 사람이 말했다. "선생님,
애통함이 지나치십니다."
말하길, "지나치다고? 이 아이의 죽음이 애통하지 않다면 세상
무엇이 애통할 수 있단 말이냐?"

짤고 Message
가까운 사람이 세상을 떠나는 순간 세상의 한 축이 무너져 내리는 심정이
되는 건 공자나 우리나 별반 다르지 않다.

102

현실에 집중하기도 벅차다

계로(=자로=중유)가 귀신을 섬기는 법에 대해서 묻자 공자는
대답을 거부한다. 사람을 제대로 모시기도 버거운데 귀신까지
생각할 여력이 없다는 것이다. 계로가 죽음에 대하여 물었을
때에도 같은 대답을 내놓는다. 삶에 대해서도 알지 못하는데
어찌 죽음에 대하여 왈가왈부하겠느냐는 것이다. 공자의
철저히 현실주의적인 세계관을 엿볼 수 있다. 또한 지극함에
대한 공자의 집착도 느껴진다. 공자는 당대 최고의 제사
전문가다. 그런 그가 귀신이나 죽음에 대해 고민해볼 여유가
없다는 것이다. 사람을 섬기고 삶에 대해 공부하기 바빠서
말이다. 사실 이 두 문제야말로 공자 평생의 관심사였다. 그는
자신의 관심사에 지극하게 몰두했으며, 그 고민의 깊이가
동아시아 역사의 흐름을 바꿔놓았다.

계로가 귀신을 섬기는 법에 대해 물었다. 공자가 말했다.
"사람도 제대로 섬기지 못하는데 어찌 귀신을 섬기겠느냐?"
(계로가) 말했다. "감히 죽음에 대하여 묻고자 합니다."
(공자가) 말했다. "삶에 대해서도 알지 못하는데 하물며
죽음을 알겠느냐?"

짧고 Message
우문에 현답은 아주 예외적인 결과다. 훌륭한 답변은 좋은 질문에서
나온다는 말이기도 하다. 좋은 답변을 원한다면 질문부터 제대로 하자.

103 /

넘침과 모자람

'과유불급(過猶不及)'이 등장한 고사다. 자공은 공자보다
31세, 자장(=전손사)은 48세, 자하(=복상)는 44세 어린 제자다.
자장과 자하의 품성은 정반대였다. 전손사는 의협심이 강하고
외향적인 반면, 복상은 내성적이어서 조용하기 이를 데 없었다.
자공은 이런 사제들의 성향이 재미있었는지 스승에게 물었다.
"둘의 스타일이 반대인데, 둘 중에 누가 낫습니까?" 공자는
자공이 느낀 대로 대답한다. "전손사는 너무 적극적이고, 상은
그런 면이 모자라구나." 그리고 덧붙인다. "지나치게 넘치는 건
모자람만 못하다." 학문하는 자세에서 지나치게 튀어나오는 건
별로 바람직하지 않다는 뜻이었다. 뛰어난 교육자였던 공자는
이렇게 제자들의 특성부터 파악했다.

자공이 물었다. "사(자장)[18]와 상(자하) 가운데 누가 더 현명합니까?"

공자가 말했다. "사는 지나치고, 상은 모자라다."

(다시) 물었다. "그렇다면 사가 낫겠군요?"

공자가 말했다. "지나침은 모자람만 못하다."

짧고 Message

월급은 지나침이 모자람보다 낫다. 하지만 업무량은 지나침이 모자람만 못하다. 역시 세상만사는 상대적이다.

18 성은 전손이고 이름은 사다. 공자의 후기제자로 자장(子張)이라고 불린다. 공야장의 자장(子長)과는 한자가 다르다. 강한 출세욕 때문에 스승으로부터 치우쳤다는 꾸지람을 들었으나 꾸준한 수양으로 덕을 쌓았다.

104

같은 질문 다른 대답

자로(=계로=중유)와 염유(=염구)가 공자에게 '좋은 이야기를 들었다면 바로 실행에 옮겨야하는가'를 물었다. 공자는 두 제자에게 서로 다른 대답을 했다. 이 모습을 지켜본 또 다른 제자 공서화가 이상하게 여겼다. 그 이유를 물으니 공자가 대답했다. "중유(=계로=자로)는 거칠고 호승심이 강하기 때문에 옳다 싶은 이야기를 들으면 막무가내로 일단 저지르고 보려 할 것이다. 그래서 나는 그에게 부모님이나 형 같은 어른을 먼저 떠올려 한 걸음 물러나도록 했다. 염구(=염유)는 시비를 가리기보다 이익을 계산할 때가 많다. 이익이 되는지 따지느라 나서야 할 때 물러서는 경향이 있기 때문에 좋은 이야기를 들었다면 바로 실행에 옮기라고 한 것이다."

사람의 특성을 파악하고 맞춤형 해법을 제시하는 공자의 교수법은 21세기에 더욱 각광받을 듯하다.

자로가 물었다. "들으면 바로 실천해야 합니까?"

공자가 말했다. "부모님이나 형 같은 윗사람이 있다면 어떻게 바로 실천하겠느냐?"

염유가 물었다. "들으면 바로 실천해야 합니까?"

공자가 말했다. "들으면 바로 실천해야 한다."

공서화가 말했다. "유(=자로)가 질문할 때에는 '부모나 형 같은 윗사람이 있다면'이라고 조건을 달았고, 구(=염유)가 질문할 때에는 '들으면 바로 실천해야 한다'고 했습니다. (대답이 다른 것이) 의아하여 질문 드립니다."

공자가 말했다. "구는 물러서니 나아가도록 한 것이고, 유는 이기려 드니 물러나도록 한 것이다."

짤고 Message
현대사회에선 아무리 옳은 일이라도 일단 나서서 저지르고 보는 식으론 곤란하다. 욱하는 성격은 병원을 찾아서라도 한 템포 눌러줘야 한다.

16. 안연(顔淵) - 논어 제12장

제자를 비롯한 사람들의 질문에 공자가 답변하는 방식으로 기술된 장이다. 처음에는 공자의 제자인 안연, 중궁, 사마우가 "인(仁)이란 무엇입니까" 하고 똑같이 질문한다. 맞춤형 교육자 공자는 역시나 서로 다른 대답을 한다. 군자가 갖추어야 할 품성 다음으론 '정치'의 요체에 대한 문답이 오간다. 그리고 다시 '인'에 대한 이야기들이 나오면서 안연의 장은 마무리된다.

군자의 품성을 갖추어 정치로 세상을 밝힌다는 측면에서 공자의 정치철학을 잘 압축한 장이라고 볼 수 있다. 바탕과 꾸밈의 관계를 다룬 문질론이나 자신의 위치에 충실해야 한다는 정명론도 등장한다.

105

스스로를 넘어서기

군자가 되려면 어떻게 수양해야 할까? 이 질문에 가장
구체적인 답변이 여기 등장한다. '극기복례(克己復禮)'는 유가
수양론의 정수를 담은 문장이다.

안연이 인을 이루는 방법을 묻자 공자는 개인의 수양에서
시작해야 한다고 대답한다. 하루라도 사적인 이익이나 감정에
흔들리지 않고 성인군자의 예를 따를 수 있다면, 그 사람으로
말미암아 온 세상이 인하게 되리라는 것이다. 세상에 인을
퍼트리기 위해서는 스스로 모범을 보여야 한다는 이야기다.
그 방법은 쉽지 않다. 오로지 예만 듣고 말하며, 예에 따라서만
행동해야 한다. 사람이라면 말초적인 즐거움에 혹할 수도
있고, 이익에 마음이 흔들릴 수도 있다. 하지만 군자는 다르다.
군자는 스스로를 이겨내서 한 차원 높이 넘어갔기 때문이다.
극기복례에 성공하여 천하를 인하게 만들 수 있는 사람은,
〈차라투스트라는 이렇게 말했다〉에 등장하는 초인과도 통할지
모르겠다.

안연이 인에 대해 물었다. 공자가 말했다. "스스로를 이겨내고 예로 돌아가는 것이 인이다. 하루라도 자신을 이겨내고 예로 돌아갈 수 있다면 천하가 인으로 돌아갈 것이다. 인의 실행은 자신으로부터 우러나야지 어찌 타인에게서 말미암겠느냐?" 안연이 말했다. "그 구체적인 항목을 알고자 합니다." 공자가 말했다. "예가 아니면 듣지 말고, 예가 아니면 말하지 말고, 예가 아니면 움직이지도 말아라."

짤고 Message

"알은 세계다. 하나의 세계를 파괴하지 않으면 새로운 세계로 나갈 수 없다." 이 문장을 쓴 헤르만 헤세는 논어를 읽고 극찬한 바 있다.

106

정치의 기본은 신뢰

자공이 정치의 요체를 물었다. 좋은 나라를 만들기 위한
요건을 질문한 것이다. 공자는 경제와 국방 그리고 정치에
대한 믿음이라고 대답했다. 자공은 소거법을 활용해 가장
중요한 핵심을 찾아간다. "세 가지 요소 가운데 먼저 하나를
버려야 한다면 어떻게 합니까?" 공자는 군대를 포기하라고
한다. 경제와 백성의 신뢰가 더 중요하다는 것이다. 자공이
다시 질문을 던진다. 결승전이다. 경제와 신뢰 가운데 승자는
무엇인가? 공자는 망설임 없이 신뢰를 선택한다. 경제를
포기하면 백성이 살기 어렵다. 절대 빈곤 상황이라면 많은
사람이 굶어죽을 수도 있다. 그래도 공자는 신뢰를 강조한다.
당장 목숨을 부지하기 어렵더라도 정치에 대한 믿음만
굳건하다면 언젠가 다시 일어설 수 있다는 것이다. 반대 상황은
다르다. 아무리 경제적으로 풍요롭고 군사적으로 강성해도
국민들의 신뢰를 사지 못한다면 그 나라 또는 정치 시스템은
반드시 망할 것이라고 공자는 생각했다.

자공이 정치에 대해 물었다. 공자가 말했다. "먹을 것을 풍족하게 하고, 군대를 충분하게 하며, 백성이 믿도록 하는 일이다."

자공이 말했다. "어쩔 수 없이 하나를 버려야 한다면 무엇을 버려야 합니까?"

말하길, "군대를 버려라."

자공이 말했다. "어쩔 수 없이 남은 둘 중 하나를 버려야 한다면 어떻게 합니까?"

말하길, "먹을 것을 버려라. 사람은 언젠가 죽는다. 하지만 예부터 백성의 믿음을 구할 수 없다면 존립할 수 없다.

짧고 Message
대부분의 정치인이 '무신불립'을 말하지만, 많은 정치인이 오래 존립하지 못하는 원인도 같은 이유 때문인 듯하다.

107

공자의 정명론

정명(正名)은 이름에 부합한다는 뜻이다. 제나라의 군주가
공자에게 정치에 대해 물었다. 나라를 강성하게 만드는 비결일
수도 있고, 경제적 번영에 대한 질문일 수도 있다. 공자는 이
모든 문제를 아우르는 해답을 내놓는다. 그것도 뛰어난 리듬을
지닌 문장으로 말이다. '군군신신부부자자(君君臣臣父父子子)'가
그것이다. "군주는 군주다워야 하고, 신하는 신하다워야 하며,
아버지는 아버지다워야 하고, 아들은 아들다워야 한다." 공자의
정명론은 동아시아를 유가적 세계관에 따라 움직이는 세상으로
만들었다.

제나라 경공이 공자에게 정치에 대해 물었다. 공자가 말했다.
"군주는 군주다워야 하고, 신하는 신하다워야 하며, 아버지는
아버지다워야 하고, 아들은 아들다워야 합니다."

짤고 Message
'자식 같아서'나 '가족 같아서'라고 이야기한다면 자식을 대하고 가족을
대하듯 행동해야 한다. 딸 같아서 성추행을 저지르고, 가족 같아서 월급을
떼어먹는 인간들이 귀담아들어야 할 대목이다.

17. 자로(子路) - 논어 제13장

공자의 수제자 10인인 공문십철을 설명할 때, '정사는 염유와 자로'라고
했다. 현실 정치에서는 염유와 자로의 능력이 뛰어났다는 이야기다. 염
유는 이해타산에 밝아 행정 부문에서 수완을 발휘했고, 자로는 군대를
잘 통솔했다.

논어 제13장의 제목은 '자로'다. 두 개의 문단에는 염유도 등장한다. 논어 제13장에선 현실 정치에 대한 논의가 많이 이루어진다. 구체적인 정책에 대한 설명도 나온다. 명분을 바로잡는 일이 중요하다거나(세 번째 문단), 민생을 실현한 다음에는 교육정책을 펼쳐야 한다는(아홉 번째 문단) 식으로 말이다. 그래서 논어의 제13장을 읽을 때에는 제2장인 위정을 돌아보면 큰 도움이 된다.

108

선수범의 중요성

논어 제13장의 앞부분에는 자로(=계로=중유), 중궁(=염옹),
염유(=염구)가 등장한다. 이들 셋은 계씨 아래에서 가신으로
재임했다. 따라서 이번 장에서 공자의 제자들은 정치철학을
배울 목적보다는 현실적인 필요성 때문에 스승에게 질문했을
확률이 높다.

자로는 타고난 무인이었다. 병법이나 통솔력 측면에선 따로
조언이 필요하지 않았을 것이다. 하지만 살얼음판 같은
정치판에서 무인으로서의 능력만으론 부족하다고 느꼈을까?
공자는 자로에게 명령만 하지 말고 남들보다 먼저 나서서
수고로움을 감수하라고 권했다.

제13장 첫 문단에 이어 3번째 문단에도 자로가 등장한다.
이번에는 위나라에서 공자를 기용한다면 어떤 정책을 펼칠지
물었다. 이때 명분부터 바로잡겠다는 대답이 나온다. 자로는
현실적인 문제부터 풀어야 하지 않느냐고 되물었다가, 정치의
기본도 모른다며 또 호되게 혼난다.

자로가 정치에 대해 물었다. 공자가 말했다. "남들보다 먼저 나서고, 남들보다 수고롭게 하라." 자로가 더 배우고자 하니, 말했다. "게으름 피우지 말라."

짤고 Message

코로나 시국에는 반대의 행동도 미덕이 될 수 있다. 남들보다 늦게 나서고 그냥 집에서 빈둥거리면서 게으름을 피우는 것이 세상을 돕는 일일 수도 있다.

109

효도가 먼저다

〈여씨춘추〉에 섭공이 언급한 '바른 사람'이 등장한다. 초나라 사람인 그는 아버지의 범행을 신고했다. 그리고 아버지 대신 목숨을 바치려고 했다. 나라에 대한 충성과 아버지에 대한 효도를 모두 포기하지 않으려는 행동이었다. 하지만 공자의 생각은 달랐다. 공자와 유가는 가족주의적인 세계관을 지니고 있다. 부자지간의 관계인 '효'는 모든 윤리 체계의 근본이다. 군주에 대한 '충'도 '효'의 확장으로 파악한 것이다. 초나라 사람은 충과 효를 별개의 가치로 받아들였다. 두 개의 가치를 따로 충족시키려고 했다. 공자는 이를 바르지 않다고 봤다. 효가 최우선 가치이기 때문에 아버지와 아들이 서로 숨겨줘야 올바르다고 생각한 것이다.

섭공이 공자에게 말했다. "우리 마을에 바른 사람이 있습니다. 그는 아버지가 양을 훔치자 신고했습니다."
공자가 말했다. "우리 마을의 바른 사람은 그렇게 하지 않습니다. 아버지는 아들을 숨겨주고, 아들은 아버지를 숨겨줄 겁니다. 바르다는 건 이런 행동 안에 있습니다."

짤고 Message
우선순위 설정이 중요하다. 테크트리를 잘 짜야 승률이 오르는 것처럼.

110 /

여론의 한계

자공이 인기와 사람됨의 관계를 물었다. "누구에게나 인기
있는 사람이라면 괜찮은 사람일까요?" 공자는 그 정도로는
부족하다고 대답한다. "착한 사람에겐 사랑 받고, 못된
사람에겐 미움을 받는 사람이어야 한다."
정치와 미디어가 결합하면서 어떤 사람의 인기가 갑자기
높아지곤 한다. 반대로, 언론의 폭격으로 천하의 악인으로
비난당하는 이도 생긴다. 미디어의 힘이 세지면서 여론의
쏠림현상이 정도를 넘어선다. 이때 되새겨볼 만한 구절이다.
공자는 여론에 너무 혹하지 말아야 한다고 말한다. 인기에
혹하기보단 시시비비 상황에서 그가 어떻게 처신해왔는지
살펴봐야 한다.

자공이 물었다. "누구나 좋아하는 사람이라면 어떻습니까?"
공자가 말했다. "그 정도로는 안 된다." "누구나 미워하는
사람이라면 어떻습니까?"
공자가 말했다. "그 정도로도 안 된다. 선한 사람은 좋아하고
그렇지 않은 사람은 미워하는 이만 못하다."

짧고 Message
선거철 여론조사에 흔들리지 말자.

18. 헌문(憲問) - 논어 제14장

공자는 정치적 포부를 실현하지 못했지만 명성은 높았다. 그러니 당대의 권력자들이 공자의 인물평을 궁금하게 여겼음은 당연한 일이다.

논어 제14장의 앞부분에서 공자는 많은 사람들을 평가한다. 일부는 동시대 사람이고, 일부는 공자보다 100년 이상 앞선 시대의 사람들이다. 하지만 후반부에선 평가에 연연하지 말라고 조언한다. "다른 사람이 자신을 알아주지 못할까 봐 걱정하지 말고, 자신의 능력이 부족하진 않은지 걱정하라"는 구절도 바로 논어 제14장에 나온다(30번째 문단). 자공이 스스로를 누군가와 비교하려고 하자 "똑똑해서 시간이 많구나. 나는 그럴 틈이 없는데" 하고 핀잔을 주기도 한다.

평가를 하려면 등급과 기준이 필요하다. 공자의 평가에서 최고등급에 해당하는 성인(聖人)은 현실에 존재하지 않는 개념이나 다름없다. '군자' 정도면 현실적으로 가장 훌륭한 등급이라고 하겠다. 그런 이유인지 이곳에는 군자의 특성에 대해서도 여러 차례 언급된다.

111 /

부끄러움과 인함

부끄러움이란 무엇인가를 묻는 제자에게 공자는 '곡식(穀)'이란
답을 내놓는다. 관직에 올랐을 때 받는 곡식을 녹봉이라고
한다. 나라에 도가 있을 때 녹을 받았다는 것은 책임 있는
관료가 되었다는 뜻이다. 그런데 그가 녹을 받고 있는 사이에
나라의 도가 사라졌다면 누구의 책임일까? 능력도 없이 벼슬한
자의 잘못일 수밖에 없다. 그런데도 계속 자리를 지키면서
세금을 축낸다면 부끄러운 것이 당연한 일이다. 능력을 갖추지
못했다면 나아가지 않아야 하고, 결과가 나쁘면 물러날 줄
알아야 한다.

이번에는 원헌이 구체적인 행동들을 예로 들며 인을 질문했다.
남을 이기려 하지 않고, 함부로 스스로를 자랑하지도 않고,
타인을 원망하지 않으며, 탐욕에 젖지 않는다면 인하냐고 묻자
공자는 대답을 유보한다. 원헌이 제시한 바를 실천하기 어려운
건 인정하지만, 마음가짐의 기본 틀인 인을 행동양식에 맞추어
재단할 수 없다는 의미일 것이다.

원헌(=원사=자사)이 부끄러움에 대하여 물었다. 공자가
말했다. "나라에 도가 있을 때 녹을 받다가, 나라에 도가
사라졌을 때에도 녹을 받는다면 부끄러운 일이다."
"남을 이기려 하지 않고, 스스로를 자랑하지 않으며, 남을
원망하지 않고, 욕심을 부리지 않으면 인하다고 할 수
있습니까?"
공자가 말했다. "그리 하는 것이 어려운 일이긴 하지만
인하다고 할 수 있는지는 모르겠다."

짤고 Message
국민을 개돼지라고 욕하면서 녹을 받는 경우도 있다. 나라에 도를 스스로
무너뜨리면서 녹을 받으니 부끄러운 정도로 끝날 문제가 아니다.

112 /

인기와 용기를 조심하라

공자와 유가가 생각하는 덕은 품성인 동시에 영향력이기도
하다. 따라서 이렇게 해석할 수 있다. "영향력 있는 사람은
반드시 말을 통해서 세상에 도움을 주지만, 좋은 말을 많이
하는 사람이라고 해서 그의 영향력을 맹신해선 안 된다. 인한
사람은 올바르게 행동하려고 위험도 불사하는 용기를 보인다.
하지만 위험을 불사하고 앞으로 튀어나온다고 해서 그가
올바른지는 알 수 없으므로 주의해야 한다."

공자가 말했다. "덕이 있는 사람은 반드시 말이 있지만 말이
있는 사람이라고 반드시 덕이 있는 것은 아니다. 인한 사람은
반드시 용기가 있지만 용기가 있는 사람이라고 해서 반드시
인한 것은 아니다."

짧고 Message
언변만 뛰어난 사람을 경계할 것. 겉으로 보이는 모습이 전부가 아닐 수도
있다.

113 /

관중의 공로

기원전 685년, 제나라 군주가 피살되었다. 전임군주의 동생인
규와 소백은 내전을 벌였고, 동생 소백이 승리하여 제나라를
차지했다. 그가 바로 환공이다. 규의 신하였던 관중은
주군을 따라 목숨을 끊기는커녕 어제의 적이었던 환공에게
투항했다. 자공은 관중의 이러한 처신을 좋게 볼 수 있느냐고
질문한다. 공자는 관중의 치적을 거론한다. 관중은 환공을
보필해 제나라를 패권국가로 만들었다. 특히 이민족인 융적을
격퇴하여 중원을 주나라 연합체의 영역으로 지켜낸 것은
매우 중요한 업적이었다. 공자는 관중이 없었다면 중원이
이민족에게 짓밟혔을 것이라고 이야기한다. 주나라의 문화가
사라지고 이민족의 풍습을 따르는 세상이 되지 않았겠느냐고
가정한다. 공자는 실용주의자이며 패권주의자인 관중을 별로
좋아하지 않았다. 하지만 여기에선 지극히 현실적인 이유를
들어 관중을 옹호했다. 그래도 끝내 관중이 인하다고는
대답하지 않는다. 업적과 인물에 대한 평가가 좀 다른 것이다.

자공이 물었다. "관중은 인하지 않습니까? 환공이 공자 규를 죽였는데도, 주군을 쫓아 자결하기는커녕 환공을 도왔습니다."

공자가 말했다. "관중은 환공을 도와 제후들을 제패하도록 하고, 순식간에 천하를 움켜쥐었다. 세상 사람들은 지금까지 그의 은혜를 받고 있다. 관중이 없었다면 우리는 아마 머리를 풀어헤치고 옷깃을 왼쪽으로 여미고 있을 것이다. 어찌 평범한 사람처럼 작은 신의를 지키려고 도랑에서 목을 매고 죽어서, 아무도 알아주지 않는 사람이 되겠느냐?"

짤고 Message

상사의 인성이 엉망이어도 능력이 출중하면 인정하자. 회사에서 직급은 인성으로 정해지지 않는다.

114

하늘만이 알아준 사람

공자는 세상이 알아주지 않음을 두려워하지 말라고 늘
강조했다. 하지만 10여 년간 천하를 떠돌아도 자신의 정치
포부를 이루지 못했으니 답답한 마음은 어쩔 수 없었을 것이다.
그는 아무도 자신을 알아주지 못한다고 탄식한다. 해석에
따라서는 한탄이 아닌 긍정일 수도 있다. "하늘을 원망하지
않고, 사람을 탓하지 않았다. 인간 세상에 대해서 꾸준히
공부한 결과, 하늘의 도리까지 통달했다. 그러니 나를 알아줄
정도의 수준을 갖추었다면 하늘밖에 더 있겠느냐?"
어떻게 해석하더라도 씁쓸한 느낌이다. 세상의 이치와 하늘의
도리를 깨달았어도, 그 깨달음을 세상에 적용하려던 평생의
꿈은 이루지 못했다.

공자가 말했다. "나를 알아주는 사람이 없구나."

자공이 말했다. "어찌하여 아무도 선생님을 알아주지 않는다고 하십니까?"

공자가 말했다. "하늘을 원망하지 않고, 사람을 탓하지 않았다. 아래로 배워서, 위로 통했다. 그러나 나를 알아주는 건 하늘뿐이다."

짤고 Message

하늘이 알아주는 사람보단 행복한 사람이 나을 수도 있다는, 개인적인 생각.

115

수양하는 자가 군자다

공자의 첫 번째 제자인 자로(=계로=중유)는 국경지대 출신이다.
군사적 재능은 뛰어나지만 거칠어서 도적이나 부랑자는
아니었는지 의심을 사기도 한다. 공자는 그에게 스스로를 갈고
닦으라고 거듭 강조한다. 성인으로 꼽히는 요임금과 순임금도
힘들게 수양하여 세상을 편안하게 만들었다고 말한다. 하물며
우악스럽기로 소문난 자로가 군자로 변화하려면 얼마나
수양해야 할까?

결론적으로 자로는 끊임없이 스스로를 갈고닦아 군자가
되었다. 위나라에서 벼슬을 하던 중 쿠데타가 일어났다.
자로는 목숨을 걸고 반란군 수괴를 처단하라고 요청했지만
받아들여지지 않았다. 이에 그는 불을 지르겠다며 누대에 올라
반란군과 용맹하게 싸웠다. 한계에 이르러 갓까지 벗겨졌다.
자로는 태연히 갓끈을 고쳐 매면서 죽음을 맞았다. 그의 마지막
말은 이랬다. "군자는 죽더라도 갓을 벗지 않는다."

자로가 군자에 대해 물었다. 공자가 말했다. "공경하는 마음으로 자신을 수양해야 한다."

말하길, "그렇게 하면 충분할까요?"

말하길, "자신을 수양하여 타인을 편안하게 해주어라."

말하길, "그렇게 하면 충분할까요?"

말하길, "자신을 수양하여 백성들을 편안하게 해주어라. 스스로를 수양하여 백성을 편안하게 해주는 것은 요순도 힘들어하던 일이다."

짧고 Message

자질이 부족하면 오래 걸릴 순 있다. 하지만 될 때까지 하면 어떻게든 성과가 있기 마련이다. 비가 올 때까지 기도하는 인디언 기우제가 이를 입증한다.

19. 자장(子張) - 논어 제19장

논어 제19장에 공자는 직접 등장하지 않는다. 이 장이 주로 공자에 대한 제자들의 기억으로 구성되어 있기 때문이다. 논어는 아주 대놓고 스포일러 하는 책이다. '말씀 어(語)'를 '이야기 논(論)'한다고 노골적인 제목을 달았으니 말이다. 따라서 사실상 논어는 제18장에서 마무리되었다고 볼 수도 있다. 제19장에는 편집 후기 또는 편집자의 변 같은 분위기가 돈다.

116 /

이익 앞에서 의로움을 생각한다

이익 앞에서 의로움을 생각한다는 '견리사의(見利思義)'가
등장한다. 공자가 아닌 제자로부터 이 유명한 문구가 나왔다는
사실을 모르는 이도 많다. 자장의 이야기는 이렇다. "선비란
어떤 사람이어야 할까? 위험에 처하면 목숨을 바칠 각오로
나서며, 이익 앞에서는 의로운지 먼저 고민해보고, 제사를 지낼
때에는 경건한 마음을 품고, 상을 당했을 때에는 진심을 담아
애도할 수 있어야 한다. 이 정도라면 선비라고 할 만하다."

자장(=전손사)이 말했다. "선비가 위험을 보면 목숨을 던지고, 이로움을 보면 의로움을 생각하고, 제사를 지낼 때에는 공경하며, 상을 당해서는 슬픔에 젖는다면, 그는 괜찮다고 평가할 만하다."

짤고 Message

전 세계적인 불경기가 지속되고 있다. 코로나 정국 때문에 상황은 더 나빠진다. 이로움을 논하기에 앞서 이로운 상황이 오기나 했으면 하는 바람이다.

117 /

각자도생의 길로

갑자기 사형제를 디스 한다. 논어 제19장에는 이런 의견 대립이 다수 등장한다. 훌륭한 스승을 모신 공자의 제자들은 대부분 학문적인 성취를 이루고 자신의 학통을 만들어간다. 그런데 공자가 맞춤형 교육을 해온 탓인지 점점 제자들의 의견 차이가 커졌다. 증자는 마음의 수양에 초점을 맞췄다. 늘 자성해서 마음을 갈고 닦아야 한다는 그의 주장은, 공자의 손자인 자사에게로 이어지고, 다시 맹자에게 전수된다. 이런 계통의 공자 후계자들을 '내성파(內省派)'라고 부른다. 자장, 자하, 자유 등의 제자들은 갈고닦은 마음을 구체적으로 어떻게 드러내야 하는지에 더 관심을 가졌다. 그 방법론을 '예(禮)'라고 할 수 있으므로, 이들은 '숭례파(崇禮派)'라고 한다. 숭례파의 계보는 순자를 거쳐 법가까지 이어진다.

공자 사상을 받아들이는 이들에 따라 차이는 존재한다. 하지만 공자의 사상은 이후 중국과 동아시아의 모든 시스템에서 바탕으로 자리 잡았다.

증자가 말했다. "자장(=전손사)은 당당하기 그지없다. 하지만 그와 더불어 인해지기는 어려울 것 같다."

짤고 Message
역사는 승자의 기록이고, 논어는 증자 학파가 중심이 되어 편찬했다.
뒷담화를 수천 년 후까지 남기려면 역시 승리 이상의 비책이 없다.

20. 요왈(堯曰) - 논어 제20장

논어 제20장은 에필로그다. 다른 장과 형식적으로도 많이 다르다. 일단 글을 몇 편 싣지 않았다는 점부터 다르다.

논어의 장들은 대부분 20~30개의 이야기를 소개한다. 제14장과 제15장에는 각각 44개와 42개의 많은 문단을 담고 있을 정도다. 그런데 제20장에선 단 3개의 문단만 등장한다. 그나마도 첫 문단의 절반은 〈상서〉

에서 전설적인 요임금과 순임금의 사례를 그대로 가져왔다. 이렇게 성인 군자의 사례를 소개하고, 올바른 정치를 어떻게 해야 하는지 이야기하면서 첫 문단은 마무리된다. 두 번째 문단은 정치에 출사하는 자세를 길게 설명한다. 세 번째 문단은 매우 짧다. 하지만 이 한 줄의 문장에 논어의 결론이 집대성된 것일 수도 있다.

118 /

하늘의 뜻, 예, 언어

논어의 마지막 구절이다. 공자는 하늘의 뜻, 예, 언어의 세 가지를 이야기한다. 논어의 편찬자들이 여기에 공자 사상의 정수가 담겨있다고 판단했기 때문에 이 문장으로 대미를 장식했을 것이다. 공자는 위대한 정치가였지만 정치로 세상을 바꾸진 못했다. 그는 교육을 통해 세상을 바꿨다.

논어의 마지막 구절은 교육에 대한 공자의 생각을 모아놓았다. 먼저, '군자'는 공자의 교육 목표다. 군자는 하늘의 뜻에서 벗어나지 않게 생각하고 행동하는 사람이다. 그런데 공자는 단한 번도 하늘의 뜻이 무엇인지 구체적으로 규정하지 않았다. 스스로 찾으라는 것이다. "하늘의 뜻을 알지 못하면 군자가 될 수 없다."는 말은 '수양하여 스스로 기준을 세우는 군자가 되라'는 소리다. 다음으로 '예'를 강조했다. 군자에겐 세상을 바르게 이끌어야 하는 의무가 있다. 그러려면 세상에서 자신의 자리부터 찾아야 한다. 예는 자리에 따른 격식이므로, 예를 갖추어야 세상에 바로 설 수 있다. 마지막으로, 세상을 어떻게 바꿔야 할까? 사람을 위한 세상을 만들어야 한다. 그러려면 다른 사람을 먼저 이해할 수 있어야 한다. 언어는 상대를 이해하는 기본이다.

공자가 말했다. "하늘의 뜻을 알지 못하면 군자가 될 수 없다. 예를 알지 못하면 스스로 설 수 없다. 언어를 알지 못하면 다른 사람을 알 수 없다."

짤고 Message
논어는 이렇게 끝났지만 배움에는 끝이 없다. 이해가 부족한 부분이 있다면 처음부터 다시 읽는 수고를 아끼지 말자.

짤라보는 고전 **논어**

초판 1쇄 발행 2021년 4월 22일

지은이 한중록
펴낸이 최영민
펴낸곳 헤르몬하우스
기획 시민 K
인쇄 미래피앤피
주소 경기도 파주시 신촌2로 24
전화 031-8071-0088
팩스 031-942-8688
전자우편 hermonh@naver.com
등록일자 2015년 3월 27일
등록번호 제406-2015-31호

ⓒ 한중록, 2021. Printed in Korea.

ISBN 979-11-91188-27-1 (03160)